실전 일본어 문법

초・중급용

* SJPT, JLPT, JPT, EJU등 각종 시험에서 빈번하게 출제되는 문법과 어휘 수록
* 실생활에서 자주 사용하는 예문과 반복, 응용되서 나오는 연습문제
* 한자를 읽지 못해도 일본어를 읽을 수 있도록 후리가나를 첨가
* 시험과 단어장, 일기장, 음성파일 및 온라인 강의 포함

Song Won

일본어의 특징

외국어를 공부하기에 앞서 그 언어의 특징에 대해 알아두면 조금 더 빠른 학습이 가능하다.

- 한국어와 어순이 거의 일치하기 때문에 단어와 문법의 활용법만 공부하면 빠른 습득이 가능하다.

- ざ、じ、ず、ぜ、ぞ 가 사용되는 단어에서는 영어의 'z' 발음을 사용해야 한다.
  예) ひざ、かぞく、ぜひ등

- 외래어를 표기하거나 강조를 할 때는 카타카나를 사용한다.

- 한자를 읽는 방법에는 두 가지가 있다. 예) 中 (なか、ちゅう)

- ん을 사용하여 강조한다. 예) 買ったんですか!? (샀다고요!?)

- '~입니다만...', '~했지만...' 과 같이 문장을 다 끝내지 않고 말을 줄이는 특징이 있다.

- 'ー'를 사용하여 긴 음을 표기한다.
  예)ビール '비이루'라고 한 음절씩 끊어 읽지 않고 '비~루'와 같이 음을 연결해서 읽는다

- 같은 한자가 반복되면 '々'를 사용한다. 예) 人々、様々、時々、色々、日々

- 일본어에는 띄어쓰기가 없다.

외국어를 빠르게 습득하기 위한 방법

어떻게 하면 단기간에 외국어를 유창하게 할 수 있을까요?
다중언어를 구사할 수 있을까요? 독학으로 할 수 있을까요?
빠른 길이라는 것이 있을까요? 혹은 어학연수를 가야 하나요?

제가 여러 가지 외국어를 독학하면서 몇 가지 깨달은 것들이 있습니다.
외국어를 공부하는 여러분들과 그 정보를 공유하기 위하여 이 글을 남깁니다.

우선 기본적으로 해당 언어에 대한 관심과 사랑이 중요합니다. 관심을 가지고 신경을 쓰는 만큼 많은 것들을 알고 싶어지게 되고 배울 수 있게 됩니다. 관심을 가지세요. 그리고 즐기세요. 언어를 여러 사람들과 즐기며 다양하고 새로운 경험을 할 수 있는 도구로 사용할 수도, 자신의 인생을 바꿀 수 있는 강력한 무기로 사용할 수도 있습니다.

외국어를 익히는 방법에 대해서 좀 더 자세히 알아보도록 할까요?

1. 문자를 외우세요.
문자를 외우지 않고도 말하고 듣는 것은 가능합니다. 음성을 듣고 기억할 수 있기 때문이죠.
그러나 독학을 하거나 글을 읽고 쓰기를 원한다면 문자를 외워야 합니다.

2. 문법을 공부하세요.
1인칭 대명사, 주격, 목적격, 관계대명사, 동명사 등의 용어나 성질을 공부하는 것은 오히려 방해가 됩니다. 언어학자가 되기 위한 분이 아니라면 품사의 이름과 성격들을 파악하지 마세요. 무엇이 주어이고 목적어이고 서술어이고 등을 알아내는 것을 공부하는 것이 아니라 어떻게 대입하여 활용하는지를 공부하세요. 단어의 원형들을 찾아내서 해당하는 문법에 대입해야 합니다. 예를 들어 한국어에서 '고 싶다'라는 문법을 공부한다면 가다, 먹다, 운동하다 와 같은 단어의 원형들과 '고 싶다'의 문법을 결합해 보세요. 단어의 원형에서 '다'를 제거하고 '고 싶다'를 붙여주면 문장이 완성됩니다. 가고 싶다, 먹고 싶다, 운동하고 싶다 등과 같이 평서문, 질문문, 부정문('기 싫다')을 만들 수 있습니다. 간단하죠? 영어, 중국어, 일본어 등 그 외의 언어들도 마찬가지입니다. 가능한 한 단순하고 쉽게 이해하려고 노력해 보세요. 그 후에는 단어만 알고 있다면 본인이 원하는 문장들을 만들어 낼 수 있습니다. 한 가지의 문법으로 수 천 가지의 문장을 만들어 낼 수 있습니다.

3. 단어를 매일 조금씩 외우세요.

한 번에 10~20개의 단어를 외우는 것보다는 주변 사물들의 간단한 단어들부터 한 개씩 외워 나가는 것을 추천합니다. 주변 사물과 상황에 관심을 갖고 그 단어의 원형을 찾아서 늘 가지고 다니는 핸드폰, 메모장 등에 써 놓으세요. 그리고 자투리 시간(버스를 기다리는 시간, 지하철 안에서 있는 시간 등)을 활용하여 틈만 나면 그 단어를 봐 주세요.
포스트잇을 활용하여 본인의 동선에 따라 붙여 놓으셔도 좋습니다. (침대 옆, 냉장고, 전원 스위치, 책상 옆, 거울, 옷장 등)

4. 드라마나 영화로 공부하세요.

컴퓨터나 핸드폰에 본인이 공부하는 언어로 말하는 드라마나 영화를 다운받으세요. 그리고 그 언어의 자막과 함께 보세요. 먼저 드라마에서 배우가 대사를 말하기 전에 정지 버튼을 눌러 자막을 소리 내 읽어 보세요. 그런 다음 재생버튼을 눌러 배우가 말하는 것을 들으세요. 그리고 정지시키고 그 배우와 똑같은 말투로 흉내 내 보세요. 다시 그 문장의 처음으로 돌아가서 배우가 말하는 것과 똑같이 말해 보세요. 자연스럽게 될 때까지 몇 번을 계속해서 반복하세요. 이렇게 함으로써 그 배우의 말투와 억양을 익힐 수 있고 모르는 단어가 나온다면 검색을 하여 단어나 표현을 익히는 데에도 도움이 될 수 있습니다. 단순히 드라마나 영화를 자막 없이 시청하는 것도 도움이 안 되는 것은 아니지만 그건 좀 더 익숙해지고 잘하게 되었을 때 하세요.

5. 핸드폰, 컴퓨터 등을 이용하여 원어민들과 매일매일 이야기하세요.

펜팔 사이트, 어플리케이션, 전화, 화상 전화 등을 활용하여 관심사가 일치하는, 가능한 한 많은 원어민 친구들을 만드세요. 그리고 가능한 한 많이, 자주 대화하세요. 페이스북, 카카오톡 등이 단순히 친구의 안부를 주고받는 연락 수단 만으로만 쓰이는 것이 아니라 학습하는 언어에 노출되어 공부할 수 있는 환경을 만들어 주는 강력한 수단이 될 수 있습니다.

6. 원어민들과 만나고 어울리세요.

책상에서만 단어를 외우고 문법을 공부하는 것이 다가 아니에요. 공부하는 언어를 사용하는 원어민들을 만나세요. 그리고 그들과 어울리며 친구가 되어 많은 시간을 보내세요. 그 언어를 사용하는 환경에 최대한 노출되어야 합니다. 정말 절박하신가요? 그럼 원어민 룸메이트를 찾아 같이 생활해 보세요. 이제 막 공부를 시작했다고 창피해하지 마세요. 오히려 틀려도 뻔뻔하고 당당하게 말하세요. 그러나 본인이 틀린 말을 했다는 것은 자각해야 합니다. 한 번 실수를 하고 나서는 맞는 말을 생각해 보세요. 그리고 맞는 말을 사용하세요.

7. 왜 그런지는 묻지 마세요. 맞는지 틀리는지를 물어보세요.

말을 하고 소통하고 싶으시다면 '왜요?'라는 질문은 하지 마세요.
가방이 왜 가방인지에 대한 이유를 알고 싶으신가요? 그럼 가방으로 불리게 된 역사를 공부하는 것이 맞겠지요. 공부한 외국어를 맞게 사용하고 있는지, 틀리게 사용하고 있는지는 궁금해하셔야 합니다. 원어민 친구에게 물어보세요. 한 명만으로는 부족합니다. 두세 명에게 다 같은 의견인지 물어보세요.
맞다면 계속 사용하세요. 틀리다면 고쳐서 사용하세요. 불규칙이요? 외우세요!

8. 그대로 받아들이세요.

처음 외국어를 공부하시면 모국어를 번역하여 사용하는 버릇을 갖게 됩니다. 처음에는 조금씩 그런 식으로 접근하는 것이 빠릅니다. 하지만 시간이 지날수록 모국어로 번역하여 말하기는 좋은 습관이 아닙니다. 원어민이 책을 읽을 때 번역해 가면서 읽지는 않겠지요? 본인도 원어민이라고 생각하시고 그들과 같은 방법으로 읽고, 말하고 이해하려고 하세요. 처음엔 쉽지 않겠지만, 그것이 적응되면 머릿속에서 번역할 필요 없이 원어민과 똑같이 읽고 대화하는 것이 가능해질 것입니다. 들을 때 또한 마찬가지입니다. 들은 그대로 이해하려고 노력하세요. 적응되면 번역할 필요 없이 이해할 수 있습니다. 번역하는 습관을 버리고 그대로 받아들여 이해하세요.

9. 주변 환경을 전부 언어를 위한 공부의 수단으로 활용하세요.

예를 들어 밖에 있는 한 남자가 걷고 있고 한 여자는 전화를 하고 있으며 또 다른 사람은 운전을 하고 누군가는 커피를 마시고 있다고 가정해 봅시다. 그 상황을 그냥 지나치지 말고 공부하시는 외국어로 머릿속으로 생각해 보세요. "남자가 걷고 있어요, 그리고 여자는 친구와 전화를 하고 있어요, 그리고 흰 옷을 입고 있는 남자가 운전하는 중이에요".
옆 사람이 사람들과 대화하고 있는 것들도 모두 공부하고 있는 외국어로 생각해 보세요.
주변에서 일어나는 모든 일들이 언어공부의 수단이 될 수 있습니다. 언어를 공부하려고 유학 가지 않으셔도 됩니다.

10. 단순화시키세요.

어려운 단어를 사용하지 않아도 됩니다. 100% 일치하는 단어를 찾으려는 노력보다는 쉬운 단어를 사용하세요. 말을 잘하는 사람이란 각종 전문용어를 사용하여 설명하는 사람이 아니라 10세부터 100세까지 모든 사람들이 이해할 수 있도록 쉽고 정확하게 전달하는 사람이라는 것을 잊지 마세요.

CONTENTS

UNIT 01 히라가나 (1) — p.12

02 히라가나 (2) — p.14

03 히라가나 (3) — p.16

04 히라가나 (4) — p.18

05 히라가나 (5) — p.20

06 카타카나 (1) — p.22

07 카타카나 (2) — p.24

08 あいさつ — p.26
인사말

09 数字(読み方) — p.28
숫자 (읽기)

10 です・ですか? — p.30
입니다, 입니까?

11 時間・日付・曜日 — p.32
시간, 날짜, 요일

12 こ・そ・あ・ど — p.34
이, 그, 저, 어느

13 でした・だった・かった — p.36
이었어요, 이었다

14 ではない・くない — p.38
이/가 아니다

15 ます・ますか? — p.40
해요, 해요?

UNIT	16	上・下・左・右 상, 하, 좌, 우	p.42
	17	数字(数え方) 숫자 (세기)	p.44
	18	ません・ませんか 안 해요, 안 해요?	p.46
	19	から・まで 부터, 까지	p.48
	20	ました・ましたか? 했어요, 했어요?	p.50
	21	ましょう・ましょうか? 합시다, 할까요?	p.52
	22	たい 하고 싶다	p.54
	23	に 하러	p.56
	24	でも・が・けど 하지만, 만	p.58
	25	そして、し 그리고, 고	p.60
	26	予定だ 할 예정이다	p.62
	27	つもりだ 할 생각이다	p.64
	28	かもしれない 할지도 모르다	p.66
	29	と思う 라고 생각하다	p.68
	30	それで・くて 그래서・해서, 하고	p.70

CONTENTS

UNIT			
31	て 해서, 하고		p.72
32	てから 고 나서		p.74
33	ている 고 있다		p.76
34	い・な 하는		p.78
35	てください 해 주세요		p.80
36	てほしい 해 주길 바라다		p.82
37	てもいい 해도 되다		p.84
38	てはいけない 해서는 안 되다		p.86
39	てみる 해 보다		p.88
40	てしまう 해 버리다		p.90
41	た 한		p.92
42	たあと 한 후		p.94
43	たり 하거나		p.96
44	たことがある・ない 한 적이 있다/없다		p.98
45	たほうがいい 하는 편이 좋다		p.100

UNIT 46	ない 하지 않다	p.102
47	ない方がいい 하지 않는 편이 좋다	p.104
48	ないでください 하지 말아 주세요	p.106
49	から・ので 하니까, 하기 때문에	p.108
50	ながら 하면서	p.110
51	なければならない 하지 않으면 안 되다 (해야 되다)	p.112
52	なくてもいい 하지 않아도 되다	p.114
53	と、なら、たら、ば 면	p.116
54	ようとする 하려고 하다	p.118
55	そうだ 1 할 것 같다	p.120
56	そうだ 2 다고 하다	p.122
57	時 때	p.124
58	すぎる 너무 ~하다	p.126
59	れる・られる 1 할 수 있다	p.128
60	れる・られる 2 당하다	p.130

CONTENTS

UNIT 61 せる・させる — p.132
시키다

62 やすい — p.134
하기 쉽다

63 にくい — p.136
하기 어렵다

64 ことができる — p.138
할 수 있다

65 ことにする — p.140
하기로 하다

66 よく使う文法 1 — p.142
자주 쓰는 문법 1

67 よく使う文法 2 — p.144
자주 쓰는 문법

テスト 1 — p.146
시험 1

テスト 2 — p.148
시험 2

テスト 3 — p.150
시험 3

テスト 4 — p.152
시험 4

テスト 5 — p.154
시험 5

テスト 6 — p.156
시험 6

テスト 7 — p.158
시험 7

テスト 8 — p.160
시험 8

テスト 9 시험 9	p.162
日記 일기	p.164 - 169
単語 1-1 단어 1-1	p.170 - 171
単語 1-2 단어 1-2	p.172 - 173
単語 2 단어 2	p.174 - 175
単語 3-1 단어 (い로 끝나는 단어)	p.176 - 177
単語 3-2 단어 (い로 끝나는 단어)	p.178
単語 4 단어 (だ로 끝나는 단어)	p.180 - 181
単語 5-1 단어 (する가 없는 단어)	p.182 - 183
単語 5-2 단어 (する가 없는 단어)	p.184 - 185
単語 5-3 단어 (する가 없는 단어)	p.186
単語 6 단어 (する로 끝나는 단어)	p.188 - 189
外来語 7 외래어 7	p.190 - 191
解答 해답	p.192 - 216

UNIT 01 ひらがな
히라가나 (1)

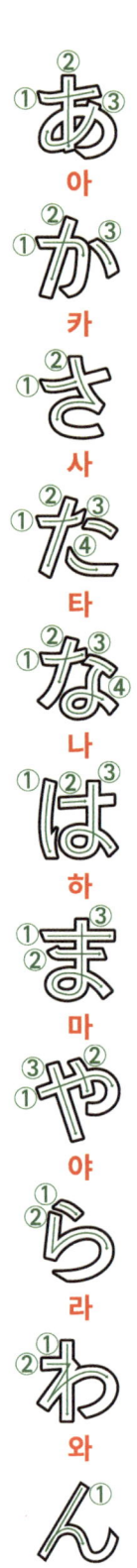
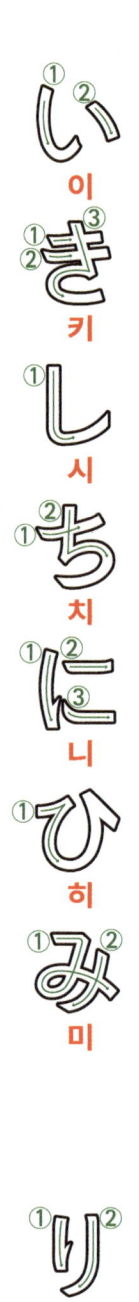
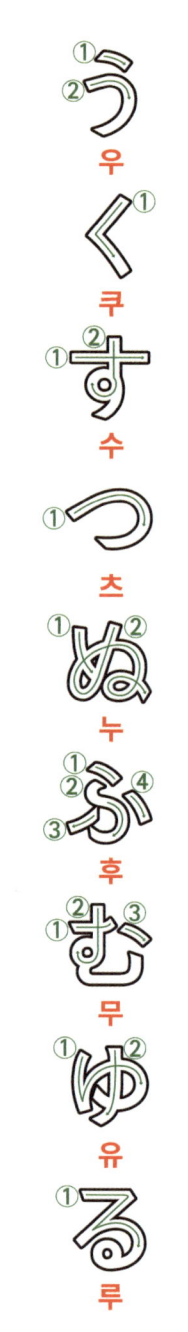

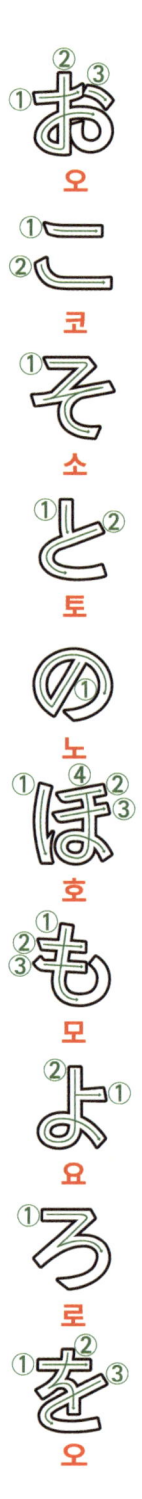

1. 다음을 읽고 따라 쓴 후 뜻을 찾아 괄호를 채우시오.

ひと ( )	もの ( )	はな ( )	くち ( )
かお ( )	あさ ( )	かた ( )	あな ( )
あし ( )	とし ( )	こし ( )	いえ ( )
ねこ ( )	いぬ ( )	そら ( )	ほし ( )
くも ( )	むね ( )	ひる ( )	よる ( )
ゆめ ( )	いす ( )	ほん ( )	へや ( )
うえ ( )	した ( )	よこ ( )	まえ ( )

UNIT 02

ひらがな
히라가나 (2)

あ 아	か 카	さ 사	た 타	な 나	は 하	ま 마	や 야	ら 라	わ 와
い 이	き 키	し 시	ち 치	に 니	ひ 히	み 미		り 리	
う 우	く 쿠	す 스	つ 츠	ぬ 누	ふ 후	む 무	ゆ 유	る 루	
え 에	け 케	せ 세	て 테	ね 네	へ 헤	め 메		れ 레	
お 오	こ 코	そ 소	と 토	の 노	ほ 호	も 모	よ 요	ろ 로	を 오
									ん ㄴ

1. 다음을 읽고 따라 쓴 후 뜻을 찾아 괄호를 채우시오.

ふく ( )	もも ( )	あめ ( )	ゆき ( )
たこ ( )	くに ( )	とら ( )	むし ( )
はる ( )	なつ ( )	あき ( )	ふゆ ( )
すし ( )	つま ( )	かさ ( )	くつ ( )
かに ( )	みみ ( )	のり ( )	うみ ( )
やま ( )	かわ ( )	ふね ( )	にく ( )
かみ ( )	うた ( )	はし ( )	さけ ( )

UNIT 03 | ひらがな
히라가나 (3)

탁음

가	기	구	게	고

자	지	즈	제	조

다	지	즈	데	도

바	비	부	베	보

반탁음

파	피	푸	페	포

1. 다음을 읽고 따라 쓴 후 뜻을 찾아 괄호를 채우시오.

かぎ　　けが　　みぎ　　まど
(　)　　(　)　　(　)　　(　)

まご　　ごご　　ぜひ　　なぜ
(　)　　(　)　　(　)　　(　)

どこ　　うで　　みず　　そで
(　)　　(　)　　(　)　　(　)

かじ　　そば　　ぞう　　かぜ
(　)　　(　)　　(　)　　(　)

ひげ　　ひざ　　ぼく　　かぐ
(　)　　(　)　　(　)　　(　)

どれ　　ぶた　　かべ　　だれ
(　)　　(　)　　(　)　　(　)

くび　　つぎ　　すぐ　　びん
(　)　　(　)　　(　)　　(　)

UNIT 04 | ひらがな
히라가나 (4)

요음

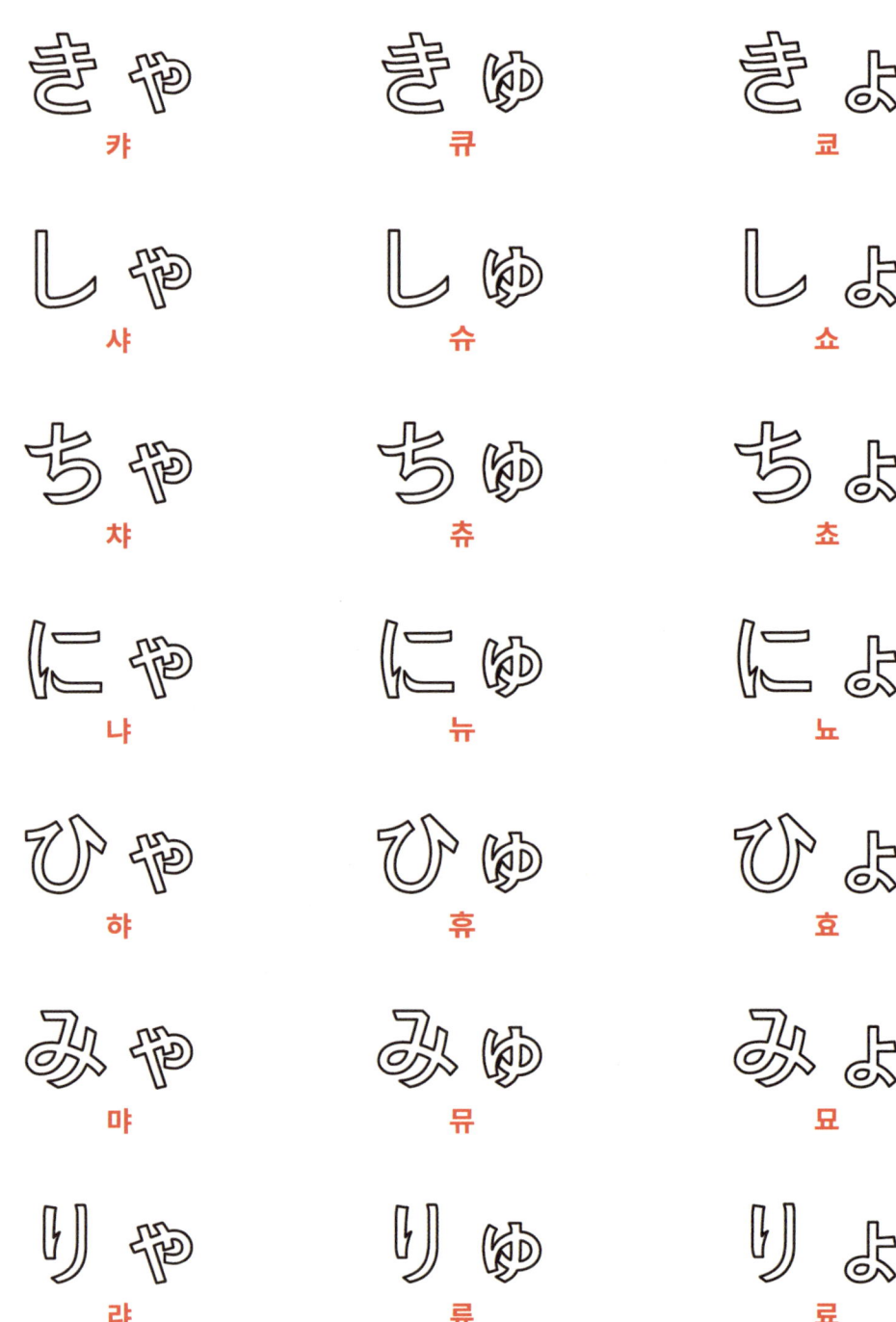

1. 다음을 읽고 따라 쓴 후 뜻을 찾아 괄호를 채우시오.

きょう   かしゅ   ひゃく
(   )   (   )   (   )

きゅうり   しょうゆ   ちょっと
(   )   (   )   (   )

しゃしん   りょうり   おちゃ
(   )   (   )   (   )

おきゃくさん   しょうちゅう
(   )   (   )

にゅうがく   こんにゃく
(   )   (   )

さんみゃく   りゅうがく
(   )   (   )

UNIT 05 ひらがな
히라가나 (5)

요음

ぎゃ	ぎゅ	ぎょ
갸	규	교

じゃ	じゅ	じょ
쟈	쥬	죠

びゃ	びゅ	びょ
뱌	뷰	뵤

ぴゃ	ぴゅ	ぴょ
퍄	퓨	표

촉음

あっ	かっ	さっ
앗	캇	삿

1. 다음을 읽고 따라 쓴 후 뜻을 찾아 괄호를 채우시오.

さくじょ
(　)

いっぱい
(　)

あっさり
(　)

たっぷり
(　)

にんぎょう
(　)

じゅうでん
(　)

さんびゃく
(　)

びょういん
(　)

ぎゅうどん
(　)

ろっぴゃく
(　)

UNIT 06 カタカナ
카타카나 1

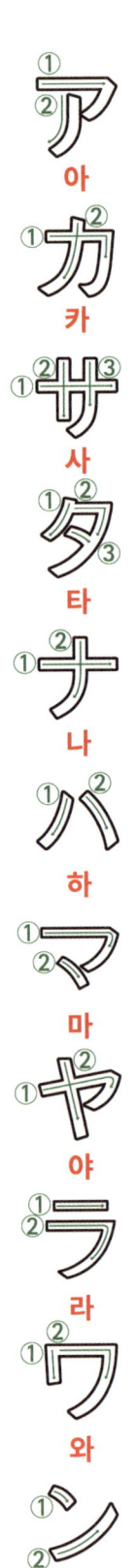
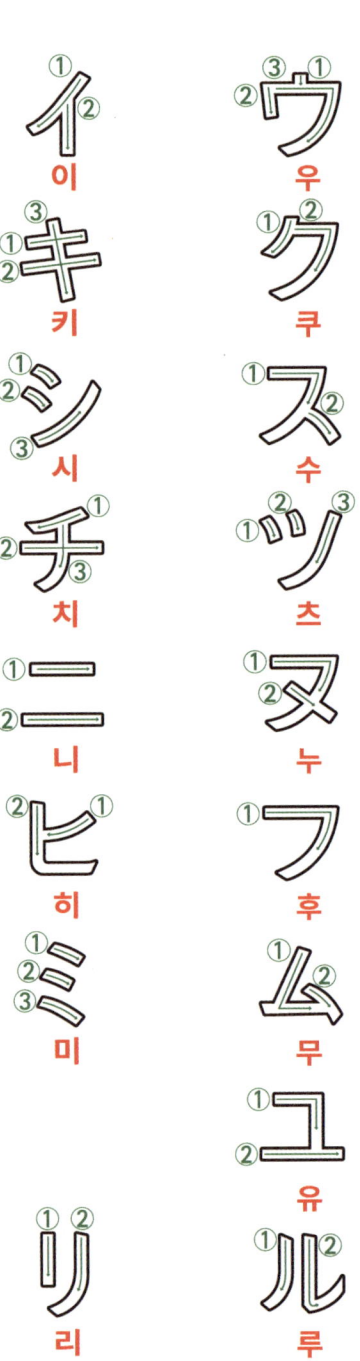

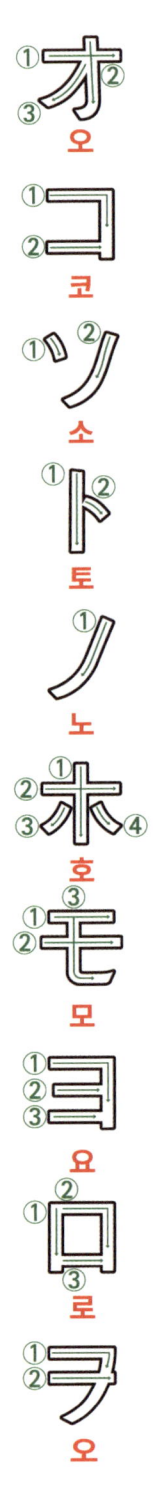

1. 다음을 읽고 따라 쓴 후 뜻을 찾아 괄호를 채우시오.

ハム （　）　ママ （　）　ヘア （　）　メモ （　）

トイレ （　）　テスト （　）　ソース （　）　セール （　）

ケーキ （　）　カメラ （　）　エラー （　）　ホーム （　）

ノート （　）　ネーム （　）　ストア （　）　メロン （　）

ラスト （　）　ライト （　）　リスト （　）　チケット （　）

マネキン （　）　ラーメン （　）　マスター （　）

システム （　）　タクシー （　）　タイトル （　）

UNIT 07 カタカナ
카타카나 2

ガ	ギ	グ	ゲ	ゴ
가	기	구	게	고

ザ	ジ	ズ	ゼ	ゾ
자	지	즈	제	조

ダ	ヂ	ヅ	デ	ド
다	지	즈	데	도

バ	ビ	ブ	ベ	ボ
바	비	부	베	보

パ	ピ	プ	ペ	ポ
파	피	푸	페	포

1. 다음을 읽고 따라 쓴 후 뜻을 찾아 괄호를 채우시오.

ガム　　　ビル　　　ペン　　　ゼロ
(　)　　(　)　　(　)　　(　)

ラジオ　　テレビ　　ズボン　　ビール
(　)　　(　)　　(　)　　(　)

ゲーム　　サイズ　　アジア　　ギャル
(　)　　(　)　　(　)　　(　)

ボール　　ベッド　　トマト　　デート
(　)　　(　)　　(　)　　(　)

ウイルス　イベント　アイドル　グループ
(　)　　(　)　　(　)　　(　)

ボールペン　ショッピング　メッセージ
(　)　　　(　)　　　(　)

リラックス　インターネット　レコード
(　)　　　(　)　　　(　)

UNIT 08 あいさつ
인사말

おはようございます。
안녕하세요. (아침 인사)

こんにちは。
안녕하세요. (점심 인사)

こんばんは。
안녕하세요. (저녁 인사)

はじめまして。
처음뵙겠습니다.

よろしくお願(ねが)いします。
잘부탁합니다.

お元気(げんき)ですか？
잘 지내요?

ありがとうございます。
고맙습니다.

どういたしまして。
천만에요.

とんでもないです。
별거 아니에요.

おやすみなさい。
안녕히 주무세요.

すみません。
죄송합니다./실례합니다.

ごめんなさい。
미안합니다.

失礼(しつれい)します。
실례합니다.

お邪魔(じゃま)します。
실례하겠습니다.

さようなら。
안녕히 가세요.

いただきます。
잘 먹겠습니다.

ごちそうさまでした。
잘 먹었습니다.

じゃ、また。
그럼, 또 봐요.

行(い)ってきます。
다녀오겠습니다.

行(い)っていらっしゃい。
다녀오세요.

お久(ひさ)しぶりです。
오래간만이에요.

ただいま。
다녀왔습니다.

おかえりなさい。
안녕히 다녀오셨어요.

いらっしゃいませ。
어서오세요.

お疲(つか)れ様(さま)でした。
수고하셨습니다.

ご苦労様(くろうさま)でした。
고생하셨습니다.

おめでとうございます。
축하드립니다.

1. 다음 인물에게 인사말을 전하시오.

   1) おばあさん　　おばあさん、おはようございます。
      할머니
   2) おじいさん
      할아버지
   3) みなさん
      여러분
   4) お母(かあ)さん
      어머니
   5) お父(とう)さん
      아버지

   (안녕하세요(아침 인사))

   (안녕히 주무세요)

   (오래간만이에요)

   (다녀오겠습니다)

   (다녀오세요)

2. 다음을 일본어로 쓰시오.

   1) _____ _____ _____
      처음 뵙겠습니다. 잘 부탁합니다. 잘 먹었습니다.

   2) _____ _____ _____
      축하드립니다. 다녀왔습니다. 실례합니다.

   3) _____ _____ _____
      잘 먹겠습니다. 수고하셨습니다. 안녕히 주무세요.

   4) _____ _____ _____
      다녀오겠습니다. 오래간만이에요. 다녀오세요.

3. 다음 문장에 알맞는 인사말을 골라 답하시오.

   1) おめでとうございます。・　　　　・1) お久(ひさ)しぶりです。

   2) お久しぶりです。・　　　　　　　・2) どういたしまして。

   3) ただいま。・　　　　　　　　　　・3) ありがとうございます。

   4) ありがとうございます。・　　　　・4) おやすみなさい。

   5) おやすみなさい。・　　　　　　　・5) おかえりなさい。

UNIT 09 | 数字
숫자(읽기)

0	1	2	3	4	5	6	7	8	9	10
ゼロ / れい	いち	に	さん	し / よん	ご	ろく	しち / なな	はち	きゅう / く	じゅう

11	12	13	14	15	16	17	18	19
じゅういち	じゅうに	じゅうさん	じゅうよん	じゅうご	じゅうろく	じゅうなな	じゅうはち	じゅうきゅう

20	30	40	50	60	70	80	90	100
にじゅう	さんじゅう	よんじゅう	ごじゅう	ろくじゅう	ななじゅう	はちじゅう	きゅうじゅう	ひゃく

백	천	만	십만	백만
ひゃく	せん	まん	じゅうまん	ひゃくまん

200	300	400	500	600	700	800	900	1,000
にひゃく	さんびゃく	よんひゃく	ごひゃく	ろっぴゃく	ななひゃく	はっぴゃく	きゅうひゃく	せん

2,000	3,000	4,000	5,000	6,000	7,000	8,000	9,000	10,000
にせん	さんぜん	よんせん	ごせん	ろくせん	ななせん	はっせん	きゅうせん	いちまん

* 위의 숫자를 보고 빈 칸을 채우시오.

0	1	2	3	4	5	6	7	8	9	10

11	12	13	14	15	16	17	18	19	20	21

10	20	30	40	50	60	70	80	90	100	200

100	1,000	10,000	100,000	1,000,000

1. 주어진 숫자를 히라가나로 쓰시오.

1) 1 _____   2) 9 _____   3) 8 _____

4) 23 _____   5) 34 _____   6) 56 _____

7) 175 _____   8) 380 _____   9) 550 _____

10) 1,997 _____   11) 2,300 _____   12) 8,095 _____

13) 13,000 _____   14) 20,000 _____   15) 64,000 _____

2. 다음 질문에 알맞은 답을 히라가나로 쓰시오.

1) 오늘은 몇 년 몇 월 며칠입니까? _____

2) 생일이 언제예요? _____

3) 전화번호가 뭐예요? _____

4) 우편번호가 뭐예요? _____

5) 지금 몇 시 몇 분이에요? _____

ねん 年	년
がつ 月	월
にち 日	일
じ 時	시
ふん 分	분

3. 히라가나로 가족이나 친구의 전화번호를 쓰시오.

1) _____

2) _____

3) _____

4. 다음을 히라가나로 읽고 쓰시오.

1) 010-2304-1840 _____

2) 1997년 8월 _____

3) 39,000엔 _____

4) 9401번 _____

5) 2층 _____

( ) 年	년
( ) 月	월
えん 円	엔
ばん 番	번
かい 階	층

UNIT 10 です、ですか?
(입니다, 입니까?) = (예요/이에요)

です — です・ですか

学生 (がくせい) 학생	→	学生（です）か？ 학생이에요?

はい。大学生（だいがくせい）です。
네. 대학생이에요.

先生 (せんせい)　→　あなたは先生（です）か？
선생님　　　　　당신은 선생님이에요?

はい。私（わたし）は先生です。
네. 저는 선생님이에요.

会社員 (かいしゃいん)　→　会社員（です）か？
회사원　　　　　　　회사원이에요?

はい。私は会社員です。
네. 저는 회사원이에요.

です — だ 대신 → です・ですか

静（しず）かだ　→　静か（です）か？
조용하다　　　　조용해요?

はい。とても静かです。
네. 매우 조용해요.

上手（じょうず）だ　→　何が上手（です）か？
잘하다　　　　　　　무엇을 잘해요?

私は日本語（にほんご）が上手です。
저는 일본어를 잘해요.

綺麗（きれい）だ　→　部屋（へや）は綺麗（です）か？
깨끗하다　　　　　방은 깨끗해요?

はい。本当（ほんとう）に綺麗です。
네. 정말로 깨끗해요.

です — です・ですか

忙（いそが）しい　→　忙しい（です）か？
바쁘다　　　　　　바빠요?

はい。今（いま）、ちょっと忙しいです。
네. 지금 조금 바빠요.

かわいい　→　彼女（かのじょ）はかわいい（です）か？
귀엽다　　　그녀는 귀여워요?

はい。本当にかわいいです。
네. 정말로 귀여워요.

眠（ねむ）い　→　あなたは眠い（です）か？
졸리다　　　　당신은 졸려요?

はい。ちょっと眠いです。
네. 조금 졸려요.

참고

* が는 이, 가의 뜻이지만 (~が上手だ ~을 잘하다), (~が下手（へた）だ ~을 못하다), ~が苦手（にがて）だ (~을 잘 못하다), (~が好きだ ~을 좋아하다), (~が嫌（きら）いだ ~을 싫어하다), (~が欲（ほ）しい ~을 갖고 싶다)를 사용할 때 을, 를이 된다.

1. 주어진 단어와 です、ですか를 활용하여 질문, 답변을 완성하시오.

1) 学生　　　学生ですか？
　　학생　　　はい。学生です。

2) 先生
　　선생님

3) 本
　　책

4) 友達
　　친구

5) 会社員
　　회사원

6) 警察
　　경찰

2. 주어진 단어와 です、ですか를 활용하여 질문, 답변을 완성하시오.

1) 簡単だ
　　간단하다

2) 綺麗だ
　　깨끗하다

3) 上手だ
　　잘하다

4) 下手だ
　　못하다

5) 便利だ
　　편리하다

6) 不便だ
　　불편하다

3. 주어진 단어와 です、ですか를 활용하여 질문, 답변을 완성하시오.

1) 眠い
　　졸리다

2) 忙しい
　　바쁘다

3) かわいい
　　귀엽다

4) 安い　　　安いですか？
　　싸다　　　とても安いです。
　　とても
　　매우

5) 高い
　　비싸다
　　ちょっと
　　조금

6) 楽しい
　　즐겁다
　　本当に
　　정말로

4. はい。〜です。를 활용하여 질문에 대답하시오.

1) 図書館は静かですか？
2) 車は高いですか？
3) 地下鉄は便利ですか？
4) あなたは韓国語が上手ですか？
5) お父さんは忙しいですか？

図書館　도서관
車　차
地下鉄　지하철
韓国語　한국어
お父さん　아버지

UNIT 11 時間、日付、曜日
시간, 날짜, 요일

시/분

1시	2시	3시	4시	5시	6시	7시	8시	9시	10시
いちじ	にじ	さんじ	よじ	ごじ	ろくじ	しちじ	はちじ	くじ	じゅうじ
1분	2분	3분	4분	5분	6분	7분	8분	9분	10분
いっぷん	にふん	さんぷん	よんぷん	ごふん	ろっぷん	ななふん	はっぷん	きゅうふん	じゅっぷん

월/일

1월	2월	3월	4월	5월	6월
いちがつ	にがつ	さんがつ	しがつ	ごがつ	ろくがつ
7월	8월	9월	10월	11월	12월
しちがつ	はちがつ	くがつ	じゅうがつ	じゅういちがつ	じゅうにがつ

1일	2일	3일	4일	5일	6일
ついたち	ふつか	みっか	よっか	いつか	むいか
7일	8일	9일	10일	*14일	*20일
なのか	ようか	ここのか	とおか	じゅうよっか	はつか

요일

월요일 月曜日	화요일 火曜日	수요일 水曜日	목요일 木曜日	금요일 金曜日	토요일 土曜日	일요일 日曜日
げつようび	かようび	すいようび	もくようび	きんようび	どようび	にちようび

때

あさ 朝	ひる 昼	ゆうがた 夕方	よなか 夜中	ごぜん 午前	ごご 午後	よる 夜
아침	점심	저녁	한밤중 (새벽)	오전	오후	밤

1. 질문에 알맞게 답변하시오. *今: 지금, なんじ: 몇 시

かんこく　　　ちゅうごく　　　にほん　　　アメリカ　　　タイ
한국　　　　　중국　　　　　일본　　　　미국　　　　태국

1) 韓国は今なんじですか？

2) 中国は今なんじですか？

3) 日本は今なんじですか？

4) アメリカは今なんじですか？

5) タイは今なんじですか？

2. 질문에 알맞게 답변하시오. *今日: 오늘, なん: 무슨, 몇

1) 今日はなん月ですか？

2) 今日はなん日ですか？

3) 今日はなん曜日ですか？

4) 今日はなん年、なん月、なん日ですか？

3. 주어진 시간을 일본어로 작성하시오.

1:05	2:20	3:45	4:17	5:30	6:09	7:41	8:50	9:12	10:10

11:00	12:03	8:14	7:28	1:18	4:46	5:33	3:52	6:07	2:22

UNIT 12

こ・そ・あ・ど
이·그·저·어느

あの人は誰ですか?
저 사람은 누구예요?

この	その	あの	どの
이	그	저	어느

これはいくらですか?
이것은 얼마예요?

これ	それ	あれ	どれ
이것	그것	저것	어느 것

ここはどこですか?
이곳은 어디예요?

ここ	そこ	あそこ	どこ
이곳 (여기)	그곳 (거기)	저곳 (저기)	어느 곳 (어디)

こちらへどうぞ。
이쪽으로 오세요.

こっち (こちら)	そっち (そちら)	あっち (あちら)	どっち (どちら)
이쪽	그쪽	저쪽	어느 쪽

そうですか?
그렇습니까?

こうだ	そうだ		どうだ
이렇다	그렇다		어떻다

彼はどんな人ですか?
그는 어떤 사람입니까?

こんな	そんな	あんな	どんな
이런	그런	저런	어떤

そんなに高いですか?
그렇게 비싸요?

こんなに	そんなに	あんなに	どんなに
이렇게	그렇게	저렇게	어떻게

1. 주어진 단어를 다시 쓰고 한국어로 번역하시오.

1) ここ   ここ / 이곳   2) これ   3) どんな

4) どこ   5) それ   6) そんな

2. 주어진 단어를 사용하여 ~は〜ですか?、〜は〜です의 형태로 문장을 완성하시오.

円 엔   いくら 얼마   なん 뭐   おみやげ 선물   時計 시계   学校 학교

1) これ、いくら   これはいくらですか?   2) それ、なん
   それ、500円   それは500円です。   これ、おみやげ

3) あれ、なん   4) ここ、どこ
   あれ、時計   ここ、学校

3. 주어진 단어를 사용하여 ~は〜ですか?、〜は〜です의 형태로 문장을 완성하시오.

駅 역   バス乗り場 버스 타는 곳   トイレ 화장실   銀行 은행   郵便局 우체국

1) 駅、どこ   2) バス乗り場、こっち
   駅、こちら   バス乗り場、あっち

3) トイレ、どこ   4) ここ、銀行
   トイレ、あそこ   ここ、郵便局

4. 다음을 일본어로 번역하시오.

男の人 남자   誰 누구   車 자동차   いくら 얼마   安い 싸다   天気 날씨   今 지금

1) 저 남자는 누구예요?

2) 이 차는 얼마예요?

3) 그렇게 싸요?

4) 그렇습니다.

5) 그 사람은 어떤 사람이에요?

6) 이것은 어떻습니까?

7) 지금 어디예요?

UNIT 13 | でした、かった
였어요, 했어요

でした ── でした ──────────

いつ 언제	誕生日（たんじょうび）はいつですか？ 생일은 언제예요?	昨日（きのう）でした。 어제였어요.
いくら 얼마	いくらでしたか？ 얼마였어요?	500円（えん）でした。 500엔이었어요.
どう 어떻다	どうでしたか？ 어땠어요?	大変（たいへん）でした。 힘들었어요.

でした ── だ → でした ──────────

好（す）きだ 좋아하다	好きでしたか？ 좋아했어요?	本当（ほんとう）に好きでした。 정말로 좋아했어요.
嫌（きら）いだ 싫어하다	嫌いでしたか？ 싫어했어요?	大（だい）嫌いでした。 아주 싫어했어요.
有名（ゆうめい）だ 유명하다	有名でしたか？ 유명했어요?	相当（そうとう）有名でした。 상당히 유명했어요.

かった ── い → かった ──────────

面白（おもしろ）い 재미있다	映画（えいが）は面白かったですか？ 영화는 재미있었어요?	面白かったです。 재미있었어요.
難（むずか）しい 어렵다	試験（しけん）は難しかったですか？ 시험은 어려웠어요?	かなり難しかったです。 꽤 어려웠어요.
おいしい 맛있다	食（た）べ物（もの）はおいしかったですか？ 음식은 맛있었어요?	おいしかったです。 맛있었어요.

예외 ── いい와 かった 사용할 때는 무조건 良い를 사용 ──

良（よ）い、良（い）い 좋다	良かった 좋았다	良かったです。 좋았어요.
かっこいい 멋지다	かっこよかった 멋졌다	かっこよかったです。 멋졌어요.

36

1. 주어진 단어와 でしたか를 활용하여 질문, でした를 활용하여 답변을 완성하시오.

1) いつ   いつでしたか？   2) どこ   3) 誰
   언제   어디   누구
                               おおさか   けいさつ
   昨日   昨日でした。   大阪   警察
   어제   오사카   경찰

4) 何   5) 何曜日   6) いくら
   뭐   무슨 요일   얼마
   ゆうれい   げつようび   えん
   幽霊   月曜日   10,000円
   유령   월요일   만 엔

2. 주어진 단어와 でしたか를 활용하여 질문, でした를 활용하여 답변을 완성하시오.

1) 好きだ   2) 嫌いだ   3) 必要だ
   좋아하다   싫어하다   필요하다

4) 楽だ   5) 簡単だ   6) 有名だ
   편하다   간단하다   유명하다
   とても   かなり   相当
   매우   꽤   상당히

3. 주어진 단어와 かった를 활용하여 질문, 답변을 완성하시오.

1) 面白い   2) つまらない   3) うまい
   재미있다   재미없다   맛있다

4) 遠い   5) 近い   6) まずい
   멀다   가깝다   맛없다, 못하다
   けっこう   相当   本当に
   꽤   상당히   정말로

4. 주어진 단어와 でした, かった를 활용하여 답변하시오.

1) 食べ物はどうでしたか？
2) 昨日の天気はどうでしたか？
3) 映画はどうでしたか？
4) 旅行はどうでしたか？
5) ホテルはどうでしたか？

おいしい	맛있다
暑い	덥다
おもしろい	재미있다
楽しい	즐겁다
高い	비싸다

UNIT 14 ではない・くない
가 아니다, 지 않다

じゃない　　　　　　　　　　じゃない

おじさん	おじさんですか？	私はおじさんじゃないです。大学生です。
아저씨	아저씨예요?	저는 아저씨가 아니에요. 대학생이에요.
おばさん	おばさんですか？	私はおばさんじゃないです。高校生です。
아줌마	아줌마예요?	저는 아줌마가 아니에요. 고등학생이에요.
女の人	女の人ですか？	女の人じゃないです。男の人です。
여자	여자예요?	여자가 아니에요. 남자예요.

じゃない　　　　　　　　　　だ → じゃない

静かだ	静かですか？	いいえ。静かじゃないです。うるさいです。
조용하다	조용해요?	아니요. 조용하지 않아요. 시끄러워요.
上手だ	日本語は上手ですか？	いいえ。上手じゃないです。
잘하다	일본어는 잘해요?	아니요. 잘하지 못해요.
綺麗だ	部屋は綺麗ですか？	いいえ。綺麗じゃないです。汚いです。
깨끗하다	방은 깨끗해요?	아니요. 깨끗하지 않아요. 더러워요.

くない　　　　　　　　　　い → くない

うるさい	うるさいですか？	いいえ。全然うるさくないです。静かです。
시끄럽다	시끄러워요?	아니요. 전혀 시끄럽지 않아요. 조용해요.
汚い	汚いですか？	いいえ。汚くないです。綺麗です。
더럽다	더러워요?	아니요. 더럽지 않아요. 깨끗해요.
眠い	眠いですか？	いいえ。あまり眠くないです。
졸리다	졸려요?	아니요. 그다지 졸리지 않아요.

참고

ではないです ＝ じゃないです ＝ ではありません ＝ じゃありません

1. 주어진 단어와 ですか를 활용하여 질문, じゃない를 활용하여 답변하시오.

1) 水 (みず) 水ですか?
   물 水じゃないです。

2) 今日 (きょう)
   오늘

3) 明日 (あした)
   내일

4) 週末 (しゅうまつ)
   주말

5) 誕生日 (たんじょうび)
   생일

6) 1時 (いちじ)
   1시

2. 주어진 단어와 ですか를 활용하여 질문, じゃない를 활용하여 답변하시오.

1) 好きだ (す)
   좋아하다

2) 嫌いだ (きら)
   싫어하다

3) 必要だ (ひつよう)
   필요하다

4) 楽だ (らく)
   편하다

5) 簡単だ (かんたん)
   간단하다

6) 有名だ (ゆうめい)
   유명하다

3. 주어진 단어와 ですか를 활용하여 질문, くない를 활용하여 답변하시오.

1) うるさい
   시끄럽다

2) 汚い (きたな)
   더럽다

3) 恥ずかしい (は)
   창피하다

4) 面白い (おもしろ)
   재미있다

5) 難しい (むずか)
   어렵다

6) 優しい (やさ)
   착하다

全然 (ぜんぜん)
전혀

あまり
그다지

ちっとも
조금도

4. くない、じゃない를 활용하여 질문에 대답하시오.

1) 図書館はうるさいですか？ (としょかん)

2) あなたの部屋は汚いですか？

3) 車は安いですか？ (くるま やす)

4) あなたは英語が下手ですか？ (えいご へた)

5) お父さんは忙しいですか？ (とう いそが)

UNIT 15

ます・ますか?
해요, 해요?

1단	あ	か	さ	た	な	は	ま	や	ら	わん
2단	い	き	し	ち	に	ひ	み		り	
3단	う	く	す	つ	ぬ	ふ	む	ゆ	る	
4단	え	け	せ	て	ね	へ	め		れ	
5단	お	こ	そ	と	の	ほ	も	よ	ろ	を

る → ます
る앞에 2단, 4단이 오면 る를 떼고 ます

食(た)べる → 食べます
먹다 → 먹어요
あなたは寿司(すし)を食べますか?
당신은 초밥을 먹습니까?
はい。よく食べます。
네. 자주 먹어요.

起(お)きる → 起きます
일어나다 → 일어나요
彼(かれ)は何時(なんじ)に起きますか?
그는 몇 시에 일어납니까?
いつも10時に起きます。
항상 10시에 일어나요.

教(おし)える → 教えます
가르치다 → 가르쳐요
彼女(かのじょ)は何(なに)を教えますか?
그녀는 무엇을 가르칩니까?
彼女は英語(えいご)を教えます。
그녀는 영어를 가르쳐요.

2단 → ます
단어가 2, 4단으로 끝나지 않으면 2단으로 바꾼 후 ます

会(あ)う → 会います
만나다 → 만나요
彼女とどこで会いますか?
그녀와 어디에서 만나요?
公園(こうえん)で会います。
공원에서 만나요.

聞(き)く → 聞きます
듣다 → 들어요
何(なん)の音楽(おんがく)を聞きますか?
무슨 음악을 들어요?
バラードを聞きます。
발라드를 들어요.

飲(の)む → 飲みます
마시다 → 마셔요
ビールを飲みますか?
맥주를 마셔요?
いいえ。飲みません。
아니요. 안 마셔요.

예외

来(く)る → 来(き)ます
오다 → 와요

する → します
하다 → 해요

帰(かえ)る → 帰ります
돌아가다 → 돌아가요

入(はい)る → 入ります
들어가다 → 들어가요

切(き)る → 切ります
자르다 → 잘라요

走(はし)る → 走ります
달리다 → 달려요

1. 주어진 단어와 ますか를 활용하여 질문, ます를 활용하여 답변하시오.

1) 読^よむ　　**読みますか?**　　2) 習^{なら}う　　　　　　3) ある
　　읽다　　　　**読みます。**　　　　배우다　　　　　　　　있다 (사물)

4) 食^たべる　　　　　　　5) 飲^のむ　　　　　　　6) 勉強^{べんきょう}する
　　먹다　　　　　　　　　　　마시다　　　　　　　　　　공부하다

7) 寝^ねる　　　　　　　　8) 行^いく　　　　　　　9) する
　　자다　　　　　　　　　　　가다　　　　　　　　　　　하다

10) 起^おきる　　　　　　 11) 見^みる　　　　　　 12) 乗^のる
　　일어나다　　　　　　　　　　보다　　　　　　　　　　　타다

2. 주어진 단어와 ます를 활용하여 문장을 완성하시오.

> 食べる　読む　飲む　寝る　起きる　勉強する　見る　行く　聞く　乗る

1) 先生^{せんせい}はご飯^{はん}を　　　　　　　6) 弟^{おとうと}は本^{ほん}を
2) 私^{わたし}の友達^{ともだち}は日本語を　　　　7) 妹^{いもうと}は地下鉄^{ちかてつ}に
3) 彼^{かれ}は水^{みず}を　　　　　　　　　　　8) 兄^{あに}は東京^{とうきょう}に
4) 父^{ちち}は夜^{よる}10時^じに　　　　　　　　9) 姉^{あね}はテレビを
5) 母^{はは}は朝^{あさ}8時^じに　　　　　　　　10) おばあさんは音楽^{おんがく}を

3. 주어진 단어와 ます、ますか를 활용하여 문장을 완성하시오.

1) 学校^{がっこう}で/勉強^{べんきょう}する/日本語^{にほんご}を/私^{わたし}は　　**私は学校で日本語を勉強します。**
2) 図書館^{としょかん}に/は/私^{わたし}/行^いく
3) 母^{はは}/音楽^{おんがく}/は/を/聞^きく
4) 家^{いえ}/本^{ほん}/で/読^よむ/を/は/弟^{おとうと}
5) 明日^{あした}/彼女^{かのじょ}/映画^{えいが}/と/見^みる/を
6) 僕^{ぼく}/アメリカ/来年^{らいねん}/行^いく/は/に
7) 毎日^{まいにち}/起^おきる/何時^{なんじ}/に
8) 朝^{あさ}ごはん/食^たべる/いつ/は

UNIT 16

上・下・左・右
상・하・좌・우

上

机（つくえ）の上（うえ）に何（なに）がありますか？
책상(의) 위에 무엇이 있습니까?

机の上にはコップとペンがあります。
책상의 위에는 컵과 펜이 있습니다.

下

いすの下（した）に何がありますか？
의자 밑에 무엇이 있습니까?

いすの下には猫（ねこ）がいます。
의자 밑에는 고양이가 있습니다.
*사람/동물에는 います

左

銀行（ぎんこう）の左（ひだり）に何がありますか？
은행 왼쪽에 무엇이 있습니까?

銀行の左には郵便局（ゆうびんきょく）があります。
은행 왼쪽에는 우체국이 있습니다.

右

男（おとこ）の人（ひと）の右（みぎ）に何がありますか？
남자의 오른쪽에 무엇이 있습니까?

男の人の右にはビルがあります。
남자의 오른쪽에는 빌딩이 있습니다.

前

女の人の前（まえ）に何がありますか？
여자의 앞에 무엇이 있습니까?

女の人の前には犬（いぬ）と猫がいます。
여자의 앞에는 개와 고양이가 있습니다.

後ろ

警察署（けいさつしょ）の後（うし）ろに何がありますか？
경찰서의 뒤에 무엇이 있습니까?

警察署の後ろにはコンビニがあります。
경찰서의 뒤에는 편의점이 있습니다.

横

駅（えき）の横（よこ）に何がありますか？
역 옆에 무엇이 있습니까?

駅の横にはカフェがあります。
역의 옆에는 카페가 있습니다.

中

カバンの中（なか）に何がありますか？
가방 안에 무엇이 있습니까?

カバンの中には本（ほん）とパソコンがあります。
가방 안에는 책과 컴퓨터가 있습니다.

向こう

病院（びょういん）の向（む）こうに何がありますか？
병원 건너편에 무엇이 있습니까?

病院の向こうには学校（がっこう）があります。
병원 건너편에는 학교가 있습니다.

1. 주어진 단어를 다시 쓰고 한국어로 번역하시오.

1) 上   上(うえ)   2) 左 _____   3) 前 _____   4) 横 _____   5) 中 _____
         위

6) 下 _____   7) 右 _____   8) 向こう _____   9) 後ろ _____

2. 주어진 단어를 사용하여 ~の~に~があります・います의 형태로 문장을 완성하시오.

1) 机、上、鉛筆   　机の上に鉛筆があります。
2) 病院、前、郵便局
3) 駅、後ろ、カフェ
4) テーブル、上、本
5) 銀行、向こう、コンビニ
6) 男の人、横、女の人

3. 주어진 단어를 사용하여 ~の~に~があります・います의 형태로 문장을 완성하시오.

1) いす、上、本、5冊 (다섯 권)   　いすの上に本が5冊あります。
2) 机、下、猫、1匹 (한 마리)
3) カバン、中、りんご、5個 (다섯 개)
4) 店、向こう、人、二人 (두 명)
5) 駅、横、パン屋、一つ (하나)

4. 다음을 일본어로 번역하시오.

1) 병원 건너편에 카페가 있습니다.
2) 은행 옆에 우체국과 학교가 있습니다.
3) 가방 안에 컴퓨터가 있습니다.
4) 책상 아래에 고양이와 개가 있습니다.
5) 남자 앞에 자동차가 있습니다.

UNIT 17 — 数字 / 숫자 (세기)

個: 개

한 개	두 개	세 개	네 개	다섯 개	여섯 개	일곱 개	여덟 개	아홉 개	열 개	몇 개
いっこ 一個	にこ 二個	さんこ 三個	よんこ 四個	ごこ 五個	ろっこ 六個	ななこ 七個	はっこ 八個	きゅうこ 九個	じゅっこ 十個	なんこ 何個
한 개	두 개	세 개	네 개	다섯 개	여섯 개	일곱 개	여덟 개	아홉 개	열 개	몇 개

歳: 살

한 살	두 살	세 살	네 살	다섯 살	여섯 살	일곱 살	여덟 살	아홉 살	열 살	몇 살
いっさい 一歳	にさい 二歳	さんさい 三歳	よんさい 四歳	ごさい 五歳	ろくさい 六歳	ななさい 七歳	はっさい 八歳	きゅうさい 九歳	じゅっさい 十歳	なんさい 何歳
한 살	두 살	세 살	네 살	다섯 살	여섯 살	일곱 살	여덟 살	아홉 살	열 살	몇 살

人: 인

한 명	두 명	세 명	네 명	다섯 명	여섯 명	일곱 명	여덟 명	아홉 명	열 명	몇 명
ひとり 一人	ふたり 二人	さんにん 三人	よにん 四人	ごにん 五人	ろくにん 六人	ななにん 七人	はちにん 八人	きゅうにん 九人	じゅうにん 十人	なんにん 何人
한 명	두 명	세 명	네 명	다섯 명	여섯 명	일곱 명	여덟 명	아홉 명	열 명	몇 명

階: 층

일 층	이 층	삼 층	사 층	오 층	육 층	칠 층	팔 층	구 층	십 층	몇 층
いっかい 一階	にかい 二階	さんかい 三階	よんかい 四階	ごかい 五階	ろっかい 六階	ななかい 七階	はっかい 八階	きゅうかい 九階	じゅっかい 十階	なんかい 何階
일 층	이 층	삼 층	사 층	오 층	육 층	칠 층	팔 층	구 층	십 층	몇 층

一つ: 하나

하나	둘	셋	넷	다섯	여섯	일곱	여덟	아홉	열	몇 개
ひと 一つ	ふた 二つ	みっ 三つ	よっ 四つ	いつ 五つ	むっ 六つ	なな 七つ	やっ 八つ	ここの 九つ	とお 十	いくつ
하나	둘	셋	넷	다섯	여섯	일곱	여덟	아홉	열	몇 개

기타

일 번	첫 번째	한 명	한 마리	한 잔	한 대	한 장	일 회	한 병	일 초	한 권
いちばん 一番	いちばんめ 一番目	いちめい 一名	いっぴき 一匹	いっぱい 一杯	いちだい 一台	いちまい 一枚	いっかい 一回	いっぽん 一本	いちびょう 一秒	いっさつ 一冊

1. 주어진 단어와 어울리는 숫자 세기를 활용하시오.

1) 女の人、1　女の人ひとり
   여자

2) 男の人、3 _____
   남자

3) 本、5 _____
   책

4) 年、19 _____
   나이

5) りんご、2 _____
   사과

6) 犬、4 _____
   개

7) 友達、10 _____
   친구

8) 車、1 _____
   차

9) 猫、2 _____
   고양이

10) 雑誌、3 _____
    잡지

11) いちご、6 _____
    딸기

12) ビール、5 _____
    맥주

2. 주어진 단어와 각종 숫자 세기를 활용하여 보기와 같은 문장을 완성하시오.

1) 机、下、犬、2、いる　　机の下に犬が二匹います。

2) 机、上、本、1、ある _____

3) いす、下、猫、3、いる _____

4) 車、中、女の人、1、いる _____

5) ビル、前、男の人、2、いる _____

3. 주어진 단어와 각종 숫자 세기를 활용하여 문장을 완성하시오.

1) (カバン、中、本、4、携帯、1、ある)　　カバンの中に本が4冊、携帯が一台あります。

2) (机、上、財布、1、カード、3、ある) _____

3) (ビル、前、男の人、3、女の人、2、いる) _____

4) (テーブル、上、りんご、2、紙、3、ある) _____

5) (部屋、中、犬、1、猫、2、いる) _____

4. 주어진 단어와 숫자 세기를 활용하여 문장을 완성하시오.　　*と: 하고, ください: 주세요

1) (コロッケ、3、と、アイス、2、ください)　　コロッケ三つとアイス二つください。

2) (パン、2、ケーキ、3、ください) _____

3) (これ、2、これ、4、ください) _____

UNIT 18 | ません・ませんか?
안 해요・안 해요?

る → ません
る앞에 2단, 4단이 오면 る를 떼고 ません

食た べる → 食べ(ま)せん 먹다　　안 먹어요	晩ばんご飯はんは食べませんか? 저녁밥은 안 먹어요?	はい。ほとんど食べません。 네. 거의 안 먹어요.	
見み る → 見(ま)せん 보다　　안 봐요	彼かれはテレビを見ませんか? 그는 티비를 안 봐요?	はい。全ぜんぜん然見ません。 네. 전혀 안 봐요.	
寝ね る → 寝(ま)せん 자다　　안 자요	まだ寝ませんか? 아직 안 자요?	まだ寝ません。 아직 안 자요.	

2단 → ません
단어가 2, 4단으로 끝나지 않으면 2단으로 바꾼 후 ません

会あ う → 会い(ま)せん 만나다　　안 만나요	今日きょうは彼女かのじょに会いませんか? 오늘은 그녀와 안 만나요?	もう会いません。 이제(더 이상) 안 만나요.
聞き く → 聞き(ま)せん 듣다　　안 들어요	音楽おんがくは聞きませんか? 음악은 안 들어요?	あまり聞きません。 그다지 안 들어요.
飲の む → 飲み(ま)せん 마시다　　안 마셔요	お酒さけは飲みませんか? 술은 안 마셔요?	絶ぜったい対に飲みません。 절대로 안 마셔요.

예외

来く る → 来き ません 오다　　안 와요	韓国かんこくには来ませんか? 한국에는 안 와요?	行い きません。 안 가요.
する → しません 하다　　안 해요	宿題しゅくだいをしませんか? 숙제를 안 해요?	しません。 안 해요.
帰かえ る → 帰りません 돌아가다　　안 돌아가요	今日は家いえに帰りませんか? 오늘은 집에 안 돌아가요?	帰りません。 안 돌아가요.

1. 주어진 단어와 ませんか를 활용하여 질문, ません를 활용하여 답변하시오.

1) 見る　見ませんか？　2) 買う　　　　　3) 会う
　　보다　　見ません。　　　사다　　　　　　　만나다

4) いる　　　　　　　5) 飲む　　　　　6) 運動する
　있다 (생물)　　　　　마시다　　　　　　운동하다

7) ある　　　　　　　8) 行く　　　　　9) 聞く
　있다 (사물)　　　　　가다　　　　　　　듣다

2. 주어진 단어와 ません을 활용하여 문장을 완성하시오.

　　する　会う　食べる　運動する　行く　見る　飲む　聞く　買う　いる

1) 今日は学校に行きません。　　6) 彼は恋人が
2) 私はお酒を　　　　　　　　　7) 彼女は服を
3) 弟はテレビを　　　　　　　　8) 私は友達に
4) 母は音楽を　　　　　　　　　9) 彼氏はパンを
5) 妹はジムで　　　　　　　　　10) 兄は宿題を

3. ません을 활용하여 문장을 완성하시오.

1) は/食べる/さしみ/を/私
2) 彼女/は/を/飲む/ビール
3) 母/を/見る/は/ドラマ
4) 家/に/犬/いる/が
5) が/お金/ある/私/は
6) 弟/読む/本/は/を
7) 明日/帰る/韓国/に
8) 姉/は/コーヒー/を/飲む

UNIT 19 | から・まで
부터・까지

から

いつ 언제	→	試験はいつからですか？ 시험은 언제부터예요?	来週からです。 다음 주부터예요.
今日 오늘	→	今日からダイエットします。 오늘부터 다이어트해요.	本当ですか？ 정말이에요?
何時 몇 시	→	授業は何時からですか？ 수업은 몇 시부터예요?	9時半からです。 9시 반부터예요.

まで

いつ 언제	→	家賃はいつまでですか？ 집세는 언제까지예요?	今日までです。 오늘까지예요.
何時 몇 시	→	銀行は何時までですか？ 은행은 몇 시까지예요?	3時までです。 3시까지예요.
3月 3월	→	3月まで泊まりますね。 3월까지 머물게요.	だめです。 안돼요.

から・まで

何時 몇 시	→	何時から何時まで働きますか？ 몇 시부터 몇 시까지 일해요?	朝7時から夜10時まで働きます。 아침 7시부터 저녁 10시까지 일해요.
ここ 여기	→	ここから家まで遠いですか？ 여기에서 집까지 멀어요?	家まで30分ぐらいかかります。 집까지 30분 정도 걸려요.
会社 회사	→	家から会社まで近いですか？ 집에서 회사까지 가까워요?	いいえ。ちょっと遠いです。 아니요. 조금 멀어요.

1. から와 まで를 활용하여 올바른 문장을 완성하시오.　*どの: 어느 ぐらい: 정도

会社	家	病院	駅	歩く	市場	遠い	あと	バス乗り場	空港	時間
회사	집	병원	역	걷다	시장	멀다	이후	버스 타는 곳	공항	시간

1) 会社(から、まで)あなたの家(から、まで)はどのぐらいかかりますか？

2) 病院は駅(から、まで)歩いて20分ぐらいかかります。

3) ここから市場(から、まで)遠いですか？

4) 家(から、まで)あと1時間です。

5) バス乗り場(から、まで)空港(から、まで)何時間ぐらいかかりますか？

2. から와 まで를 활용하여 질문을 만드시오.

1) 今週、来週、泊まる

2) 駅、家、近い

3) バス乗り場、図書館、遠い

4) ここ、会社、どのぐらい、かかる

5) 11日、13日、休み

泊まる	머물다
近い	가깝다
遠い	멀다
かかる	걸리다
休み	휴일

3. 다음을 번역하시오.　*休みの日: 쉬는 날,　梅雨: 장마

1) 도쿄에서 오사카까지 몇 시간 정도 걸려요?

2) 쉬는 날은 며칠부터 며칠까지예요?

3) 7월부터 8월까지 장마예요.

4. から와 まで를 활용하여 문장을 만드시오.

1)
2)
3)
4)
5)

*정답이 따로 없는 4번과 같은 문제들은 스마트폰에서 'Hellotalk'을 다운받아 원어민들에게 확인받아보세요.

UNIT 20 | ました・ましたか?
했어요・했어요?

る → ます ─── る 앞에 2단, 4단이 오면 る를 떼고 ます

食_たべる 먹다	→ 食べました 먹었어요	ご飯_{はん}を食べましたか? 밥을 먹었어요?	たくさん食べました。 많이 먹었어요.
見_みる 보다	→ 見ました 봤어요	今日_{きょう}ドラマを見ましたか? 오늘 드라마를 봤어요?	はい。見ました。 네. 봤어요.
起_おきる 일어나다	→ 起きました 일어났어요	いつ起きましたか? 언제 일어났어요?	朝_{あさ}5時_じに起きました。 아침 5시에 일어났어요.

2단 → ました ─── 단어가 2, 4단으로 끝나지 않으면 2단으로 바꾼 후 ました

洗_{あら}う 씻다	→ 洗いました 씻었어요	手_てを洗いましたか? 손을 씻었어요?	はい。洗いました。 네. 씻었어요.
行_いく 가다	→ 行きました 갔어요	昨日_{きのう}、どこに行きましたか? 어제 어디에 갔어요?	図書館_{としょかん}に行きました。 도서관에 갔어요.
遊_{あそ}ぶ 놀다	→ 遊びました 놀았어요	昨日、誰_{だれ}と遊びましたか? 어제 누구랑 놀았어요?	友達_{ともだち}と遊びました。 친구랑 놀았어요.

예외

来_くる 오다	→ 来_きました 왔어요	何時_{なんじ}に来ましたか? 몇 시에 왔어요?	6時に来ました。 6시에 왔어요.
する 하다	→ しました 했어요	今日、何_{なに}をしましたか? 오늘 뭐 했어요?	運動_{うんどう}しました。 운동했어요.
帰_{かえ}る 돌아가다	→ 帰りました 돌아갔어요	いつ帰りましたか? 언제 돌아갔어요?	先週_{せんしゅう}帰りました。 저번주에 돌아갔어요.

1. 주어진 단어와 ましたか를 활용하여 질문, ました를 활용하여 답변하시오.

1) 買う
사다
買いましたか？
買いました。

2) 習う
배우다

3) 調べる
조사하다

4) 食べる
먹다

5) 飲む
마시다

6) 勉強する
공부하다

2. 주어진 단어와 ましたか를 활용하여 질문, ました를 활용하여 답변하시오.

1) 何時、寝る
몇 시, 자다
何時に寝ましたか？

9時、寝る
9시, 자다
9時に寝ました。

2) どこ、行く
어디, 가다

病院、行く
병원, 가다

3) 何、買う
뭐, 사다

服、買う
옷, 사다

4) 何、する
뭐, 하다

運動する
운동하다

3. 주어진 단어와 ました를 활용하여 문장을 완성하시오.

> 寝る　いる　行く　飲む　運動する　買う　勉強する　調べる　習う　食べる

1) 夕べ、朝5時に寝ました。
2) 友達とたこ焼きを
3) 図書館で中国語を
4) デパートでかばんを
5) 弟はおとといドイツに
6) 週末、ジムで一生懸命
7) おばあちゃんとお茶を
8) 学校で英語を
9) ネットで単語を
10) 昨日、家に

4. ました를 활용하여 일기를 쓰시오.

UNIT 21 | ましょう・ましょうか？
합시다・할까요?

る → ましょう ── る앞에 2단, 4단이 오면 る를 떼고 ましょう

食(た)べる → 食べ(ましょう)
먹다 / 먹읍시다

何(なに)を食べましょうか？
무엇을 먹을까요?

じゃんけんで決めましょう！
가위바위보로 정합시다!

決(き)める → 決め(ましょう)
정하다 / 정합시다

どうやって決めましょうか？
어떻게 해서 정할까요?

投票(とうひょう)で決めましょう！
투표로 정합시다!

見(み)る → 見(ましょう)
보다 / 봅시다

映画(えいが)でも見ましょうか？
영화라도 볼까요?

はい。見ましょう。
네. 봅시다.

2단 → ましょう ── 단어가 2, 4단으로 끝나지 않으면 2단으로 바꾼 후 ましょう

飲(の)む → 飲み(ましょう)
마시다 / 마십시다

今日(きょう)は飲みましょう！
오늘은 마십시다!

はい。飲みましょう。
네. 마십시다.

行(い)く → 行き(ましょう)
가다 / 갑시다

明日(あした)、公園(こうえん)に行きましょうか？
내일 공원에 갈까요?

はい。行きましょう。
네, 갑시다.

頑張(がんば)る → 頑張り(ましょう)
힘내다 / 힘냅시다

みんな一緒(いっしょ)に頑張りましょう！
모두 함께 힘냅시다!

そうしましょう！
그렇게 합시다!

예외

する → しましょう
하다 / 합시다

今日(きょう)、何(なに)をしましょうか？
오늘 무엇을 할까요?

テニスをしましょう！
테니스를 합시다!

帰(かえ)る → 帰り(ましょう)
돌아가다 / 돌아갑시다

いつ帰りましょうか？
언제 돌아갈까요?

今(いま)すぐ帰りましょう。
지금 바로 돌아갑시다.

1. 주어진 단어와 ましょうか를 활용하여 질문, ましょう를 활용하여 답변하시오.

1) 飲む
   마시다
   飲みましょうか？
   飲みましょう！

2) 会う
   만나다

3) 練習する
   연습하다

4) 休む
   쉬다

5) 遊ぶ
   놀다

6) 付き合う
   사귀다

2. ましょう를 활용하여 질문에 답변하시오.

1) 週末、一緒に遊びませんか？   はい。 一緒に遊びましょう！

2) 私と付き合いませんか？

3) カフェに行きましょうか？

4) 練習しましょうか？

5) 休みませんか？

3. 주어진 단어와 ましょうか를 활용하여 제안해 보시오.

1) 卓球をする   →   はい。しましょう！
   탁구를 치다

2) バドミントンをする →   はい。しましょう！
   배드민턴을 치다

3) テニスをする   →   はい。やりましょう！
   테니스를 치다

4) ゴルフをする   →   はい。やりましょう！
   골프를 치다

5) 帰る   →   はい。早く帰りましょう。
   돌아가다

4. ましょうか、ましょう를 활용하여 대화를 만드시오.

1)
2)
3)
4)
5)

UNIT 22

~たい
~고 싶다

たい　　　　　　ます 대신 → たい

負ける 지다	→ 負けます	→ 負けたい 지고 싶다	負けたいですか? 지고 싶어요?	いいえ。勝ちたいです。 아니요. 이기고 싶어요.
見る 보다	→ 見ます	→ 見たい 보고 싶다	映画を見たいですか? 영화를 보고 싶어요?	はい。見たいです。 네. 보고 싶어요.
聞く 듣다	→ 聞きます	→ 聞きたい 듣고 싶다	私の声が聞きたいですか? 저의 목소리가 듣고 싶어요?	はい。聞きたいです。 네. 듣고 싶어요.

たい　　　　　　ます 대신 → たい

勝つ 이기다	→ 勝ちます	→ 勝ちたい 이기고 싶다	勝ちたいですか? 이기고 싶어요?	もちろんです。 물론이에요.
行く 가다	→ 行きます	→ 行きたい 가고 싶다	どこに行きたいですか? 어디에 가고 싶어요?	図書館に行きたいです。 도서관에 가고 싶어요.
遊ぶ 놀다	→ 遊びます	→ 遊びたい 놀고 싶다	どこで遊びたいですか? 어디에서 놀고 싶어요?	遊びたくないです。 놀고 싶지 않아요.

예외

来る 오다	→ 来ます	→ 来たい 오고 싶다	家に来たいですか? 우리 집에 오고 싶어요?	行きたくないです。 가고 싶지 않아요.
運動する 운동하다	→ 運動します	→ 運動したい 운동하고 싶다	明日運動したいですか? 내일 운동하고 싶어요?	運動したくないです。 운동하고 싶지 않아요.
帰る 돌아가다	→ 帰ります	→ 帰りたい 돌아가고 싶다	帰りたいですか? 돌아가고 싶어요?	帰りたくないです。 돌아가고 싶지 않아요.

1. たい를 활용하여 질문, 답변을 완성하시오.

1) 見る　<u>見たいですか？</u>　2) 作る　　　　　　　　3) 勝つ
　보다　<u>見たいです。</u>　　　만들다　　　　　　　　이기다

4) 売る　　　　　　　　5) 会う　　　　　　　　6) 就職する
　팔다　　　　　　　　　만나다　　　　　　　　　취직하다

2. たい를 활용하여 질문, くない를 활용하여 답변을 완성하시오.

1) 映画、見る　　　　　2) サンドイッチ、作る　　3) 運動する
　<u>映画を見たいですか？</u>
　<u>映画を見たくないです。</u>

4) 本、売る　　　　　　5) 写真、撮る　　　　　　6) 音楽、聞く

3. たい와 かった + ですか로 질문, たい + くない + かった + です를 활용하여 답변을 완성하시오

1) 歯を磨く 이를 닦다　2) 絵を描く 그림을 그리다　3) 練習する 연습하다
　<u>歯を磨きたかったですか？</u>
　<u>歯を磨きたくなかったです。</u>

4) 写真を撮る 사진을 찍다　5) 踊る 춤을 추다　　　6) ピアノを弾く 피아노를 치다

4. 주어진 단어와 たい + から를 활용하여 질문에 답하시오.　*から: 때문에

> （海外、行く）、(服、買う)、(就職する)、(本を読む)

1) どうして英語を習いますか？　　　　　<u>海外に行きたいからです。</u>
2) どうしてお金を貯めますか？
3) どうして勉強しますか？
4) どうして図書館に行きますか？

UNIT 23 〜に（行く、来る）
~러 (가다, 오다)

に — ます 대신 → に

기본형	ます형	に형	예문
借りる 빌리다	借ります	借りに 빌리러	本を借りに来ました。 책을 빌리러 왔어요.
見る 보다	見ます	見に 보러	桜を見に日本へ行きたいです。 벚꽃을 보러 일본에 가고 싶어요.
教える 가르치다	教えます	教えに 가르치러	韓国語を教えに日本へ行きます。 한국어를 가르치러 일본에 가요.

に — ます 대신 → に

기본형	ます형	に형	예문
会う 만나다	会います	会いに 만나러	明日、彼氏に会いに韓国へ行きます。 내일 남자친구를 만나러 한국에 가요.
撮る 찍다	撮ります	撮りに 찍으러	パスポートの写真を撮りに来ました。 여권 사진을 찍으러 왔어요.
飲む 마시다	飲みます	飲みに 마시러	お酒を飲みに行きませんか？ 술을 마시러 가지 않을래요?

예외

기본형	ます형	に형	예문
仕事する 일하다	仕事します	仕事しに 일하러	仕事しに行ってきますね。 일하러 다녀올게요.
運動する 운동하다	運動します	運動しに 운동하러	運動しに行ってきますね。 운동하러 다녀올게요.
作業する 작업하다	作業します	作業しに 작업하러	作業しに戻って来ました。 작업하러 돌아왔어요.

1. 주어진 단어와 に、行きました를 활용하여 '~하러 갔어요'의 형태로 문장을 완성하시오.

1) 見る
보다

2) 遊ぶ
놀다

3) 働く
일하다

4) 買う
사다

5) 探す
찾다

6) 借りる
빌리다

2. 주어진 단어와 に、来ました를 활용하여 '~하러 왔어요'의 형태로 문장을 완성하시오.

1) 交換する
교환하다

2) 会う
만나다

3) 飲む
마시다

4) もらう
받다

5) あげる
주다

6) 教える
가르치다

3. 주어진 문장을 번역하시오.

1) 여자친구랑 벚꽃을 보러 일본에 가고 싶어요.

2) 노래를 부르러 노래방에 다녀왔어요.

3) 책을 빌리러 친구네 집에 가요.

4) 한국어를 가르치러 미국에 갔어요.

5) 놀러 가고 싶어요.

4. 주어진 단어와 に를 활용하여 질문에 대답하시오.

(英語、勉強する) (本、買う) (映画、見る) (歌、歌う) (携帯、探す) (あなた、会う)

1) 何をしにカナダに行きますか？

2) 何をしに映画館に行きますか？

3) 何をしに書店に行きましたか？

4) 何をしにカラオケに行きましたか？

5) 何を探しに来ましたか？

6) 何をしに来ましたか？

5. に를 활용하여 문장을 만드시오.

1)

2)

UNIT 24 でも・が・けど
하지만・그런데・만

でも

| 初心者 (しょしんしゃ) | → | (初心者)です。でも | 私(わたし)は初心者です。でも頑張(がんば)ります。 |
| 초보자 | | 초보자입니다. 하지만 | 저는 초보자입니다. 하지만 열심히 하겠습니다. |

| 辛(から)い | → | 辛いです。でも | 韓国(かんこく)の食(た)べ物(もの)は辛いです。でもおいしいです。 |
| 맵다 | | 맵습니다. 그런데 | 한국 음식은 매워요. 그런데 맛있어요. |

が、けど

| 初心者 | → | (初心者)ですが | 彼女は初心者ですが上手(じょうず)です。 |
| 초보자 | | 초보자이지만 | 그녀는 초보자이지만 잘해요. |

| 専門家(せんもんか) | → | (専門家)ですけど | 彼(かれ)は専門家ですけど。 |
| 전문가 | | 전문가입니다만 | 그는 전문가입니다만... |

が、けど

| 辛(から)い | → | (辛い)ですが | 韓国の食べ物は辛いですがおいしいです。 |
| 맵다 | | 맵지만 | 한국 음식은 맵지만 맛있어요. |

| 苦(にが)い | → | (苦い)ですけど | 味(あじ)は苦いですけど香(かお)りはいいです。 |
| 쓰다 | | 쓰지만 | 맛은 쓰지만 향은 좋아요. |

が、けど

| 便利(べんり)だ | → | (便利)ですが | 日本のタクシーは便利ですが高(たか)いです。 |
| 편리하다 | | 편리하지만 | 일본의 택시는 편하지만 비싸요. |

| 暇(ひま)だ | → | (暇)ですけど | 今日(きょう)は暇ですけど明日(あした)からは忙(いそが)しいです。 |
| 한가하다 | | 한가하지만 | 오늘은 한가하지만 내일부터는 바빠요. |

が、けど

| ある | → | あbr>ありますが | ペンはありますがノートがないです。 |
| 있다 | | 있지만 | 펜은 있지만 공책이 없어요. |

| 会(あ)う | → | (会)いましたけど | 昨日(きのう)も会いましたけど今日も会いたいですね。 |
| 만나다 | | 만났습니다만 | 어제도 만났습니다만 오늘도 만나고 싶네요. |

1. 괄호안에 주어진 단어와 けど를 활용하여 대화를 완성하시오.

1) 専門家ですか？　　　いいえ、私は初心者ですけど。　　　　(初心者)
   전문가

2) 初心者ですか？　　　いいえ、私は_____　(専門家)
   초보자

3) 恋人ですか？　　　　いいえ、彼女は_____　(知り合い)
   애인

4) 知り合いですか？　　いいえ、彼女は私の_____　(恋人)
   아는 사람

2. 주어진 단어와 けど 또는 が를 활용하여 문장을 완성하시오.

1) (ある、時間がありません)　　お金はありますけど時間がありません。
   있다, 시간이 없다

2) (辛い、おいしい)　　　　　　キムチは_____
   맵다, 맛있다

3) (小さい、強い)　　　　　　　彼は_____
   작다, 강하다

4) (欲しい、高い)　　　　　　　パソコンが_____
   가지고 싶다, 비싸다

5) (簡単だ、時間がかかる)　　　この料理は_____
   간단하다, 시간이 걸리다

3. でも를 활용하여 문장을 만드시오.

1) _____

2) _____

4. が를 활용하여 문장을 만드시오.

1) _____

2) _____

5. けど를 활용하여 문장을 만드시오.

1) _____

2) _____

UNIT 25

そして・し
그리고・고

そして

| 安い 싸다 | → | 安いです。そして 싸요. 그리고 | 寿司は安いです。そしておいしいです。 초밥은 싸요. 그리고 맛있어요. |

| 面白い 재미있다 | → | 面白いです。そして 재미있어요. 그리고 | 彼女は面白いです。そして優しいです。 그녀는 재미있어요. 그리고 착해요. |

で

| カバン 가방 | → | カバンで 가방이고 | これはカバンであれは携帯です。 이것은 가방이고 저것은 핸드폰이에요. |

| 30歳 서른 살 | → | 30歳で 서른 살이고 | 年は30歳で会社員です。 나이는 서른 살이고 회사원입니다. |

し

| 安い 싸다 | → | 安いし 싸고 | この店の寿司は安いしおいしいです。 이 가게의 스시는 싸고 맛있어요. |

| 優しい 착하다 | → | 優しいし 착하고 | 彼女は優しいしおもしろいです。 그녀는 착하고 재미있어요. |

で

| 簡単だ 간단하다 | → | 簡単で 간단하고 | カップラーメンは簡単でおいしいです。 컵라면은 간단하고 맛있어요. |

| 複雑だ 복잡하다 | → | 複雑で 복잡하고 | 恋愛は複雑で難しいです。 연애는 복잡하고 어려워요. |

し

| ある 있다 | → | あるし 있고 | 時間もあるしお金もあります。 시간도 있고 돈도 있어요. |

| 勉強する 공부하다 | → | 勉強するし 공부하고 | 僕はいつも勉強もするし運動もします。そして本も読みます。 저는 늘 공부도 하고 운동도 해요. 그리고 책도 읽어요. |

1. 주어진 단어와 し를 활용하여 문장을 완성하시오.

1) うるさい、汚い → 都会は
   시끄럽다, 더럽다   도시는

2) 空気がいい、静かだ → 田舎は
   공기가 좋다, 조용하다   시골은

3) 髪の毛が長い、背が高い → 妻は
   머리가 길다, 키가 크다   아내는

4) 友達がたくさんいる、頭がいい → 旦那は
   친구가 많이 있다, 머리가 좋다   남편은

5) 夢がある、未来がある → 私は
   꿈이 있다, 미래가 있다   저는

2. 주어진 단어와 し、で、けど를 활용하여 문장을 완성하시오.

1) (優しい、頭がいい、わがままだ) →
   그는 착하고 머리도 좋지만 제멋대로예요.

2) (韓国料理、辛い、しょっぱい、おいしい) →
   한국 음식은 맵고 짜지만 맛있어요.

3) (田舎、静かだ、空気がいい、やる事がない) →
   시골은 조용하고 공기가 좋지만 할 것이 없어요.

4) (知り合い、多い、人気者、恋人) →
   그녀는 아는 사람이 많고 인기인이지만 애인이 없어요.

5) (外国語、難しい、覚える、単語、山ほど、ある、おもしろい) →
   외국어는 어렵고 외울 단어가 산만큼 있지만 재미있어요.

3. そして와 し、で、けど를 활용하여 문장을 만드시오.

1)
2)
3)
4)
5)

UNIT 26

~予定だ
~할 예정이다

予定だ

た 貯める 모으다 (저축)	→	貯める 予定だ 모을 예정이다

わたし　　　おくえん
私は1億円を貯める予定です。
저는 1억엔을 모을 예정이에요.

かよ 通う 다니다	→	通う 予定だ 다닐 예정이다

らいねん　けんちく　　　がっこう
来年、建築の学校に通う予定です。
내년에 건축 학교에 다닐 예정이에요.

た 建てる 짓다	→	建てる 予定だ 지을 예정이다

　　　　　　い なか　いえ
私は田舎に家を建てる予定です。
저는 시골에 집을 지을 예정이에요.

予定だ

う 売る 팔다	→	売る 予定だ 팔 예정이다

らいげつ　じ てんしゃ
来月、自転車を売る予定です。
다음달에 자전거를 팔 예정이에요.

か 買う 사다	→	買う 予定だ 살 예정이다

　　じ てんしゃ　　　　くるま
自転車を売って車を買う予定です。
자전거를 팔고 차를 살 예정이에요.

く 来る 오다	→	来る 予定だ 올 예정이다

　　　かんこく
いつ韓国に来る予定ですか？
언제 한국에 올 예정이에요?

予定だ

する 하다	→	する 予定だ 할 예정이다

らいしゅう
来週、何をする予定ですか？
다음 주, 무엇을 할 예정이에요?

にゅうがく 入学する 입학하다	→	入学する 予定だ 입학할 예정이다

　　がつ
4月に入学する予定です。
4월에 입학할 예정이에요.

そつぎょう 卒業する 졸업하다	→	卒業する 予定だ 졸업할 예정이다

いつ卒業する予定ですか？
언제 졸업할 예정이에요?

1. 주어진 단어와 予定だ를 활용하여 질문, 답변을 완성하시오.

1) 行く　行く予定ですか？　2) 来る　　　　　3) 泊まる
　　가다　行く予定です。　　　오다　　　　　　머물다

4) する　　　　　　　　　5) 遊ぶ　　　　　6) 結婚する
　　하다　　　　　　　　　　　놀다　　　　　　　결혼하다

2. 予定だ를 활용하여 질문과 답변을 완성하시오.

1) (いつ、来る)　いつ来る予定ですか？
　 (明日、行く)　明日行く予定です。

2) (どこ、泊まる)
　 (ホテル、泊まる)

3) (誰、会う)
　 (知り合い、会う)

4) (どこ、行く)
　 (海、行く)

5) (いつ、帰る)
　 (来週、帰る)

3. 予定だ를 활용하여 질문에 대답하시오.

1) 明日、何をする予定ですか？　→
2) 週末、何をする予定ですか？　→
3) 今日、誰に会う予定ですか？　→
4) いつ日本に行く予定ですか？　→
5) 今日、何を食べる予定ですか？　→

4. 予定だ를 활용하여 문장을 만드시오.

1)
2)
3)

UNIT 27 ~つもりだ
~할 생각이다

つもりだ

辞める 그만두다	→	辞めるつもりだ 그만둘 생각이다	仕事を辞めるつもりです。 일을 그만둘 생각이에요.
始める 시작하다	→	始めるつもりだ 시작할 생각이다	新しい仕事を始めるつもりです。 새로운 일을 시작할 생각이에요.
決める 정하다	→	決めるつもりだ 정할 생각이다	明日までには決めるつもりです。 내일까지는 정할 생각이에요.

つもりだ

泊まる 머무르다	→	泊まるつもりだ 머무를 생각이다	いとこの家に泊まるつもりです。 사촌의 집에서 머무를 생각이에요.
作る 만들다	→	作るつもりだ 만들 생각이다	お弁当を作るつもりです。 도시락을 만들 생각이에요.
送る 보내다	→	送るつもりだ 보낼 생각이다	彼氏にプレゼントを送るつもりです。 남자친구에게 선물을 보낼 생각이에요.

つもりだ

する 하다	→	するつもりだ 할 생각이다	いったいどうするつもりですか？ 도대체 어떻게 할 생각이에요?
結婚する 결혼하다	→	結婚するつもりだ 결혼할 생각이다	彼女と結婚するつもりです。 그녀와 결혼할 생각이에요.
世界一周する 세계 일주하다	→	世界一周をするつもりだ 세계 일주를 할 생각이다	一緒に世界一周をするつもりです。 같이 세계 일주를 할 생각이에요.

참고

*いったいどうするつもりなんですか？
なん을 사용하여 강조하는 표현을 사용할 수 있다.

1. 주어진 단어와 つもりだ를 활용하여 질문, 답변을 완성하시오.

1) 行く　行くつもりですか？　　2) あげる　　　　　　　　3) 旅行する
　가다　　行くつもりです。　　　　주다　　　　　　　　　　여행하다

4) 泊まる　　　　　　　　　　5) 交換する　　　　　　　6) 買い物する
　머무르다　　　　　　　　　　　교환하다　　　　　　　　　쇼핑하다

2. つもりだ를 활용하여 질문과 답변을 완성하시오.

1) (どの、国、行く)　　　　どの国に行くつもりですか？
　 (中国、行く)　　　　　　中国に行くつもりです。

2) (どこ、泊まる)
　 (知り合い、家、泊まる)

3) (何、する)
　 (ショッピングする)

4) (何、買う)
　 (お土産、買う)

3. つもりだ를 활용하여 질문에 대답하시오.

1) 明日、どこに行くつもりですか？　　→
2) 来週、何をするつもりですか？　　　→
3) 来年、どの国に行くつもりですか？　→
4) 休みには何をするつもりですか？　　→
5) クリスマスにどこで何をするつもりですか？ →

4. つもりだ를 활용하여 문장을 만드시오.

1)
2)
3)

UNIT 28 ～かもしれない
～일지도 모르다

かもしれない

嘘 (うそ)	→ 嘘(　)かもしれない	たぶん、嘘かもしれないですよ。
거짓말	거짓말일지도 모르다	아마 거짓말일지도 몰라요.

本当 (ほんとう)	→ 本当(　)かもしれない	本当かもしれないです。
정말	정말일지도 모르다	진짜일지도 몰라요.

かもしれない

熱い (あつ)	→ 熱い(　)かもしれない	そのコーヒーは熱いかもしれないです。
뜨겁다	뜨거울지도 모르다	그 커피는 뜨거울지도 몰라요.

冷たい (つめ)	→ 冷たい(　)かもしれない	プールの水は冷たいかもしれません。
차갑다	차가울지도 모르다	수영장 물은 차가울지도 모릅니다.

かもしれない ─── だ 떼고 かもしれない ───

同じだ (おな)	→ 同じ(　)かもしれない	年が同じかもしれないです。
똑같다	같을 지도 모르다	나이가 같을지도 몰라요.

特別だ (とくべつ)	→ 特別(　)かもしれない	彼には特別かもしれないです。
특별하다	특별할지도 모르다	그에게는 특별할지도 몰라요.

かもしれない

留学する (りゅうがく)	→ 留学する(　)かもしれない	来年、カナダに留学するかもしれないです。
유학하다	유학할지도 모르다	내년, 캐나다에서 유학할지도 몰라요.

遅れる (おく)	→ 遅れる(　)かもしれない	ちょっと遅れるかもしれないです。
늦다	늦을지도 모르다	조금 늦을 지도 몰라요

ないかもしれない

行く (い)	→ 行か(　)ないかもしれない	明日は会社に行かないかもしれないです。
가다	안 갈지도 모르다	내일은 회사에 안 갈지도 몰라요.

참고

*遅れるかも 와 같이 しれない 를 제외하고 사용하기도 한다.

*かもしれない＝かもしれません

1. 주어진 단어와 かもしれない를 활용하여 문장을 완성하시오.

1) 年上(としうえ) 연상

2) 新しい(あたら) 새롭다

3) 同じだ(おな) 똑같다

4) 聞こえる(き) 들리다

5) 年下(としした) 연하

6) 古い(ふる) 낡다, 오래되다

7) 素敵だ(すてき) 멋지다

8) 壊れる(こわ) 망가지다

2. 1번에서 주어진 단어들을 무작위로 골라 かもしれない와 활용하여 문장을 만드시오.

1)
2)
3)
4)
5)

3. かもしれない、から를 활용하여 다음의 문장을 일본어로 번역하시오. *から: 니까

静(しず)かに 조용히   話(はな)す 이야기하다   心配(しんぱい)する 걱정하다   先(さき)に 먼저   どうぞ 드세요

1)
들릴지도 모르니까 조용히 얘기하세요.

2)
거짓말일지도 모르니까 걱정하지 마세요.

3)
늦을지도 모르니까 먼저 드세요.

4. かもしれない 를 활용하여 문장을 만드시오.

1)
2)
3)

UNIT 29 ~と思う
~라고 생각하다 (~인것 같다)

だと思う

幽霊	→ 幽霊だと思う	幽霊だと思いますか？
유령	유령이라고 생각하다	유령이라고 생각해요?

運命	→ 運命だと思う	あなたと私は運命だと思います。
운명	운명이라고 생각하다	당신과 저는 운명이라고 생각해요.

と思う

もったいない	→ もったいないと思う	ただ捨てるのはもったいないと思います。
아깝다	아깝다고 생각하다	그냥 버리는 것은 아깝다고 생각해요.

珍しい	→ 珍しいと思う	こんな事件は珍しいと思います。
드물다	드물다고 생각하다	이런 사건은 드물다고 생각해요.

と思う

十分だ	→ 十分だと思う	これで十分だと思います。
충분하다	충분하다고 생각하다	이것으로 충분한 것 같아요.

だめだ	→ だめだと思う	このままではだめだと思います。
안 되다	안 된다고 생각하다	이대로는 안 된다고 생각해요.

と思う

できる	→ できると思う	それぐらいはできると思います。
할 수 있다	할 수 있다고 생각하다	그 정도는 할 수 있다고 생각해요.

かかる	→ かかると思う	あと10分ぐらいはかかると思います。
걸리다	걸린다고 생각하다	앞으로 10분정도는 걸릴 것 같아요.

1. 주어진 단어와 と思う를 활용하여 빈칸을 채우시오.

1) 大変だ　　大変だと思います。
　힘들다

2) 久しぶりだ
　오랜만이다

3) 遅い
　늦다

4) ある
　있다

5) 変だ
　이상하다

6) 必要だ
　필요하다

7) 危ない
　위험하다

8) ない
　없다

2. 주어진 단어와 と思う 를 활용하여 보기의 문장을 완성하시오.

1) もう、無理だ　→
　더는 무리인 것 같아요.

2) 日本語、簡単だ　→
　일본어는 쉬운 것 같아요.

3) 仕事、大変だ　→
　일은 힘든 것 같아요.

4) お金、ない　→
　돈이 없는 것 같아요.

5) 色、違う　→
　색깔이 다른 것 같아요

3. 주어진 문장을 한국어로 번역하시오.

1) 明日は雨が降ると思います。
　→

2) 英語は難しいと思いますが必要だと思います。
　→

4. と思う・だと思う 를 활용하여 문장을 만드시오.

1)

2)

3)

UNIT 30 | それで・くて
그래서・~해서, ~하고

それで

| とお
遠い
멀다 | → | (遠い)です。それで
멀어요. 그래서 | 遠いです。それで電車で行きました。
멀어요. 그래서 전철로 갔어요. |

| ちか
近い
가깝다 | → | (近い)です。それで
가까워요. 그래서 | まいにち
近いです。それで毎日行きます。
가까워요. 그래서 매일 가요. |

| めんどう
面倒だ
귀찮다 | → | (面倒)です。それで
귀찮아요. 그래서 | 面倒くさいです。それで一日中家にいました。
귀찮아요. 그래서 하루종일 집에서 있었어요. |

くて

い → くて

| 遠い
멀다 | → | (遠)くて
멀어서 | えき いえ
駅が家から遠くて不便です。
역이 집에서 멀어서 불편해요. |

| 近い
가깝다 | → | (近)くて
가까워서 | べん り
コンビニが近くて便利です。
편의점이 가까워서 편리해요. |

| いそが
忙しい
바쁘다 | → | (忙し)くて
바빠서 | 今日は忙しくてできません。
오늘은 바빠서 못 해요. |

で

だ → で

| かんたん
簡単だ
간단하다 | → | (簡単)で
간단해서 | しゅくだい
宿題が簡単でいいですね。
숙제가 간단해서 좋네요. |

| ぶ じ
無事だ
무사하다 | → | (無事)で
무사해서 | よ
無事で良かったですね。
무사해서 다행이네요. |

| ひつよう
必要だ
필요하다 | → | (必要)で
필요해서 | あたら か
新しいパソコンが必要で買いました。
새로운 컴퓨터가 필요해서 샀어요. |

1. 주어진 단어와 くて 를 활용하여 빈칸을 채우시오.

1) 嬉しい　　嬉しくて　　2) 安い　　　　　　　3) 懐かしい
　 기쁘다　　　　　　　　 싸다　　　　　　　　 그립다

4) 悲しい　　　　　　　　5) 高い　　　　　　　 6) 怖い
　 슬프다　　　　　　　　 비싸다　　　　　　　　무섭다

7) 忙しい　　　　　　　　8) 暑い　　　　　　　 9) まずい
　 바쁘다　　　　　　　　 덥다　　　　　　　　　맛없다

2. 주어진 단어와 くて 를 활용하여 문장을 완성하시오.

1) (忙しい、できない、かった、です)　→
　　바빠서 못 했어요.

2) (バス乗り場、から、近い、便利だ、です) →
　　버스 타는 곳에서 가까워서 편리해요.

3) (暑い、動く、たい、くない、です)　→
　　더워서 움직이기 싫어요.

4) (怖い、隠れる、ました)　→
　　무서워서 숨었어요.

5) (悲しい、泣く、ました)　→
　　슬퍼서 울었어요.

3. 주어진 단어와 で 를 활용하여 빈칸을 채우시오.

1) 貧乏だ　　　　　　　　2) 不安だ　　　　　　　3) 親切だ
　 가난하다　　　　　　　 불안하다　　　　　　　 친절하다

4) 幸せだ　　　　　　　　5) 不幸だ　　　　　　　6) 便利だ
　 행복하다　　　　　　　 불행하다　　　　　　　 편리하다

4. くて、で를 활용하여 질문에 대답하시오.

> 遠い　時間がない　不安だ　優しい　必要だ

1) どうしてできなかったんですか？
2) どうして彼が好きですか？
3) どうして来ましたか？
4) どうして買いましたか？
5) どうして不便ですか？

UNIT 31

～て
～해서, ～하고

1. 주어진 단어와 て를 활용하여 빈칸을 채우시오.

1) 行く　　行って　　2) 起きる　　　　　　3) 飲む
　가다　　　　　　　　일어나다　　　　　　마시다

4) 乗る　　　　　　　5) 別れる　　　　　　6) いる
　타다　　　　　　　　헤어지다　　　　　　있다

7) 買う　　　　　　　8) する　　　　　　　9) 作る
　사다　　　　　　　　하다　　　　　　　　만들다

2. 주어진 단어와 て를 활용하여 문장을 완성하시오.

1) （あなた、いる、幸せだ、です）

2) （お酒、飲む、頭が痛い、です）

3) （バスに乗る、来る、ました）

4) （ケーキ、作る、彼女、あげる、ました）

3. 주어진 단어와 て를 활용하여 질문에 대답하시오.

> （たくさん、食べる）（恋人、別れる）（恋人ができる）（彼女がいる）（お酒、飲む）

1) どうしてお腹がいっぱいですか？

2) どうして悲しいですか？

3) どうして幸せですか？

4) どうして嬉しいですか？

5) どうして酔っ払いましたか？

*お腹がいっぱい: 배가 부르다, 悲しい: 슬프다, 幸せだ: 행복하다, 嬉しい: 기쁘다, 酔っ払う: 취하다

4. 다음을 번역하시오.

1) 손을 씻고 왔어요.

2) 노래방에 다녀왔어요.

3) 지하철을 타고 왔어요.

4) 영화를 보고 왔어요.

5) 폐를 끼쳐서 죄송합니다.

> 手 손　洗う 씻다
>
> カラオケ 노래방
>
> 地下鉄 지하철
>
> 映画 영화
>
> 迷惑をかける 폐를 끼치다

UNIT 32

~てから
~고 나서

てから —— (く→いて) (ぐ→いで) (ぬ、む、ぶ→んで)

歯を磨く 이를 닦다	→ 歯を磨いてから 이를 닦고 나서	歯を磨いてから寝ました。 이를 닦고 나서 잤어요.
悩む 고민하다	→ 悩んでから 고민하고 나서	いろいろ悩んでから決めました。 여러가지 고민하고 나서 결정했어요.
運ぶ 나르다	→ 運んでから 나르고 나서	荷物を運んでから休みましょう。 짐을 나르고 나서 쉽시다.

ってから —— (う、つ、る → って) (す → して)

洗う 씻다	→ 洗ってから 씻고 나서	手を洗ってからご飯を食べてください。 손을 씻고 나서 밥을 드세요.
終わる 끝나다	→ 終わってから 끝나고 나서	授業が終わってからすぐ家に帰って来ました。 수업이 끝나고 나서 바로 집에 돌아왔어요.

てから —— る앞이 2단, 4단이면 → る 떼고 て

食べる 먹다	→ 食べてから 먹고 나서	食べてからお風呂に入りますね。 먹고 나서 목욕할게요.
見る 보다	→ 見てから 보고 나서	テレビを見てから宿題しますね。 티비를 보고 나서 숙제할게요.

예외 —— (来る → 来て) (する → して) (行く → 行って)

運動する 운동하다	→ 運動してから 운동하고 나서	運動してからシャワーします。 운동하고 나서 샤워해요.
結婚する 결혼하다	→ 結婚してから 결혼하고 나서	結婚してから太りました。 결혼하고 나서 살이 쪘어요.

1. 주어진 단어와 てから 를 활용하여 빈칸을 채우시오.

1) 終わる
    끝나다

2) 掃除する
    청소하다

3) 飲む
    마시다

4) 寝る
    자다

5) 買い物する
    장을 보다

6) 見る
    보다

2. てから 를 활용하여 문장을 완성하시오.

1) (掃除する、てから、ご飯、食べる、ました)
    →
    청소하고 나서 밥을 먹었어요.

2) (ご飯、食べる、てから、洗い物をする、ました)
    →
    밥을 먹고 나서 설거지를 했어요.

3) 洗い物をする、てから、仕事に行く、準備する、ました)
    →
    설거지를 하고 나서 일하러 갈 준비를 했어요.

4) (準備する、てから、家を出る、ました)
    →
    준비하고 나서 집을 나갔어요.

5) (家を出る、てから、バスに乗る、ました)
    →
    집을 나가고 나서 버스를 탔어요.

3. てから를 사용해서 질문에 답하시오.

1) 勉強してから何をしますか？

2) ご飯を食べてから何をしたいですか？

3) 昨日お酒を飲んでから何をしましたか？

4) 会社が終わってからどこに行く予定ですか？

5) 学校を辞めてから何がしたいですか？

4. てから를 사용해서 오늘의 일기를 쓰시오.

UNIT 33

～ている
~고 있다

いて、いで、んで ── (く → いて) (ぐ → いで) (ぬ、む、ぶ → んで)

聞く	→ 聞いている	→ 聞いています	今、音楽を聞いています。
듣다	듣고 있다	듣고 있어요	지금 음악을 듣고 있어요.

住む	→ 住んでいる	→ 住んでいます	私はソウルに住んでいます。
살다	살고 있다	살고 있어요	저는 서울에서 살고 있어요.

飛ぶ	→ 飛んでいる	→ 飛んでいます	飛行機が飛んでいます。
날다	날고 있다	날고 있어요	비행기가 날고 있어요.

って ── (う、つ、る → って) (す → して)

使う	→ 使っている	→ 使っています	今私が使っています。
사용하다	사용하고 있다	사용하고 있어요	지금 제가 사용하고 있어요.

待つ	→ 待っている	→ 待っています	バスを待っています。
기다리다	기다리고 있다	기다리고 있어요	버스 기다리고 있어요.

作る	→ 作っている	→ 作っています	サンドイッチを作っています。
만들다	만들고 있다	만들고 있어요	샌드위치를 만들고 있어요.

て ── る앞이 2단, 4단이면 → る 떼고 て

考える	→ 考えている	→ 考えています	色々考えています。
생각하다	생각하고 있다	생각하고 있어요	여러가지 생각하고 있어요.

調べる	→ 調べている	→ 調べています	資料を調べています。
조사하다	조사하고 있다	조사하고 있어요	자료를 조사하고 있어요.

예외 ── (来る → 来て) (する → して) (行く → 行って)

来る	→ 来ている	→ 来ています	今こっちに来ていますか？
오다	오고 있다	오고 있어요	지금 이쪽으로 오고 있어요?

運転する	→ 運転している	→ 運転しています	車を運転しています。
운전하다	운전하고 있다	운전하고 있어요	차를 운전하고 있어요.

1. 주어진 단어와 ている를 활용하여 질문, 답변을 완성하시오.

1) 笑う　笑っていますか？
　웃다　　笑っています。

2) 泣く
　울다

3) 住む
　살다

4) 歩く
　걷다

5) 走る
　달리다

6) 書く
　쓰다

2. 주어진 단어와 ている, ます를 활용하여 문장을 완성하시오.

　書く　住む　聞く　行く　運転する　作る　運動する　飲む　見る　飛ぶ

1) 映画を見ています。
2) チョコレートを
3) 音楽を
4) 東京に
5) バスを
6) ジムで
7) お酒を
8) 学校へ
9) 飛行機が
10) 手紙を

3. ている를 활용하여 질문에 대답하시오.

1) あなたは今何をしていますか？
2) どこでしていますか？
3) 誰としていますか？
4) どこで誰と何をしていますか？

4. ている를 활용하여 질문을 만드시오.

1)
2)
3)
4)
5)

UNIT 34

い、な
~하는

그대로

大おおきい + 家いえ 크다 + 집	→	大きい家 큰 집

大きい家に住すみたいですか？
큰 집에서 살고 싶어요?

高たかい + 車くるま 비싸다 + 차	→	高い車 비싼 차

高い車が欲ほしいですか？
비싼 차를 가지고 싶어요?

遠とおい + ところ 멀다 + 곳	→	遠いところ 먼 곳

遠いところから来きました。
먼 곳에서 왔어요.

な

だ 대신 → な

有名ゆうめいだ + 人ひと 유명하다 + 사람	→	有名な人 유명한 사람

有名な人が好すきですか？
유명한 사람을 좋아해요?

特別とくべつだ + 存在そんざい 특별하다 + 존재	→	特別な存在 특별한 존재

彼女かのじょは私わたしにとって特別な存在です。
그녀는 저에게 있어 특별한 존재입니다.

複雑ふくざつだ + 問題もんだい 복잡하다 + 문제	→	複雑な問題 복잡한 문제

それは本当ほんとうに複雑な問題ですね。
그것은 정말로 복잡한 문제네요.

그대로

遊あそぶ + 時間じかん 놀다 + 시간	→	遊ぶ時間 놀 시간

遊ぶ時間がないです。
놀 시간이 없어요.

嘘うそをつく + 人 거짓말하다 + 사람	→	嘘をつく人 거짓말하는 사람

嘘をつく人が嫌きらいです。
거짓말하는 사람이 싫어요.

取とる + 計画けいかく 따다 + 계획	→	取る計画 딸 계획

来年らいねん、運転免許うんてんめんきょを取る計画です。
내년에 운전면허를 딸 계획이에요.

1. 주어진 단어를 '~하는 ~' 의 형태로 바꾸시오.

1) 小さい、家 　　　小さい家
　작다, 집 　　　　작은 집

2) 安い、物
　싸다, 물건

3) 近い、ところ
　가깝다, 곳

4) 簡単だ、問題
　간단하다, 문제

5) 素敵だ、人
　멋지다, 사람

6) 平凡だ、日常
　평범하다, 일상

7) 掃除する、店員
　청소하다, 점원

8) そんな、事
　그렇다, 것

9) しゃべる、ロボット
　말하다, 로봇

10) 料理する、男
　요리하다, 남자

2. 다음을 번역하시오.

1) 말하는 로봇을 가지고 싶어요. →

2) 간단한 문제가 아니에요. →

3) 작은 집에서 살고 싶어요. →

3. 주어진 단어를 '~하고 싶은 ~' 의 형태로 바꾸시오.

1) 買う、物 　買いたい物
　사다, 물건 　사고 싶은 물건

2) もらう、プレゼント
　받다, 선물

3) 読む、本
　읽다, 책

4. 다음을 번역하시오.

1) 사고 싶은 물건이 없어요. →

2) 받고 싶은 선물이 있어요? →

3) 제가 읽고 싶은 책이에요. →

5. 주어진 단어를 '~고 있는 ~' 의 형태로 바꾸시오.

1) 見る、動画 　見ている動画
　보다, 동영상 　보고 있는 동영상

2) 住む、ところ
　살다, 곳

3) 輝く、星
　빛나다, 별

6. 다음을 번역하시오.

1) 지금 보고 있는 동영상은 뭐예요? →

2) 지금 살고 있는 곳은 어디예요? →

3) 빛나고 있는 별을 보고 있는 사람들 →

UNIT 35 | ~てください
~해 주세요

いて、いで、んで —— (く → いて) (ぐ → いで) (ぬ、む、ぶ → んで)

急ぐ → 急いでください　　もう少し急いでください。
서두르다　　서둘러 주세요　　조금 서둘러 주세요.

書く → 書いてください　　名前と住所を書いてください。
쓰다　　써 주세요　　이름과 주소를 써 주세요.

呼ぶ → 呼んでください　　私の名前を呼んでください。
부르다　　불러 주세요　　제 이름을 불러 주세요.

って —— (う、つ、る → って) (す → して)

言う → 言ってください　　全部言ってください。
말하다　　말해 주세요　　전부 말해 주세요.

待つ → 待ってください　　ちょっと待ってください。
기다리다　　기다려 주세요　　잠시 기다려 주세요.

送る → 送ってください　　この手紙を送ってください。
보내다　　보내 주세요　　이 편지를 보내 주세요.

て —— る앞이 2단, 4단이면 → る 떼고 て

助ける → 助けてください　　私の娘を助けてください。
구하다, 돕다　　구해 주세요　　제 딸을 구해 주세요.

教える → 教えてください　　日本語を教えてください。
가르치다　　가르쳐 주세요　　일본어를 가르쳐 주세요.

예외 —— (来る → 来て) (する → して) (行く → 行って)

持ってくる → 持ってきてください　　パソコンを持ってきてください。
오다　　가지고 와 주세요　　컴퓨터를 가지고 와 주세요.

交換する → 交換してください　　サイズを交換してください。
교환하다　　교환해 주세요　　사이즈를 교환해 주세요.

行く → 行ってください。　　新宿まで行ってください。
가다　　가 주세요.　　신주쿠까지 가 주세요.

1. てください를 활용하여 다음을 완성하시오.

1) 覚える　　　　　　　　2) 開ける　　　　　　　　3) 辞める
　기억하다　　　　　　　　열다　　　　　　　　　　그만두다

4) 忘れる　　　　　　　　5) 閉める　　　　　　　　6) 結婚する
　잊다　　　　　　　　　　닫다　　　　　　　　　　결혼하다

2. てください를 활용하여 보기에 맞게 번역하시오.

1) (電話番号、覚える)
　　　　　　　　　전화번호를 기억해 주세요.　　　2) (ドア、閉める)
　　　　　　　　　　　　　　　　　　　　　　　　　　　　　문을 닫아 주세요.

3) (窓、開ける)
　　　　　　　　창문을 열어주세요.　　　　　　　4) (学校、辞める)
　　　　　　　　　　　　　　　　　　　　　　　　　　　　학교를 그만둬 주세요.

5) (ちょっと、待つ)
　　　　　　　　잠시 기다려 주세요.　　　　　　　6) (結婚する)
　　　　　　　　　　　　　　　　　　　　　　　　　　　저랑 결혼해 주세요.

3. てください를 활용하여 다음을 완성하시오.

1) 返す　　**返してください。**　2) 確認する　　　　　　　3) 追加する
　돌려주다　　　　　　　　　　　확인하다　　　　　　　　　추가하다

4) 静かにする　　　　　　5) 無視する　　　　　　　6) 削除する
　조용히 하다　　　　　　　무시하다　　　　　　　　　삭제하다

4. 주어진 단어와 ください를 활용하여 문장을 완성하시오.

> 静かにする　追加する　返す　交換する　窓、閉める　確認する

1) ここは図書館ですからちょっと**静かにしてください。**

2) このジャケット、大きいですね。サイズを

3) 私のIDを

4) 私のお金を

5) メールを送りました。

6) 寒いです。

UNIT 36

~てほしい
~해 주길 바라다

いて、いで、んで ──── (く→いて) (ぐ→いで) (ぬ、む、ぶ→んで) ────

| 急ぐ
서두르다 | → | 急いでほしい
서둘러주길 바라다 | もうちょっと急いでほしいです。
조금 더 서둘러주길 바랍니다. |

| 呼ぶ
부르다 | → | 呼んでほしい
불러주길 바라다 | 先生って呼んでほしいです。
선생님이라고 불러주길 바랍니다. |

って ──── (う、つ、る→って) (す→して) ────

| 待つ
만나다 | → | 待ってほしい
기다려주길 바라다 | 10分だけ待ってほしいんですけど。
10분만 기다려주시길 바랍니다만. |

| 送る
보내다 | → | 送ってほしい
보내주길 바라다 | できれば早く送ってほしいです。
가능하면 빨리 보내주길 바랍니다. |

て ──── る앞이 2단, 4단이면 → る 떼고 て ────

| 伝える
전하다 | → | 伝えてほしい
전해주길 바라다 | これをあなたのお父さんに伝えてほしいです。
이것을 당신의 아버지께 전해드리길 바랍니다. |

| 忘れる
잊다 | → | 忘れてほしい
잊어주길 바라다 | 昔のことはもう忘れてほしいです。
옛날 일은 이제 잊어주길 바랍니다. |

예외 ──── (来る → 来て) (する → して) (行く → 行って) ────

| 集中する
집중하다 | → | 集中してほしい
집중해주기를 바라다 | 授業にもっと集中してほしいです。
수업에 더 집중해주길 바랍니다. |

| 確認する
확인하다 | → | 確認してほしい
확인해주기를 바라다 | もう一度確認してほしいです。
한 번 더 확인해주시길 바랍니다. |

참고

ほしい: 가지고 싶다　예) 何がほしいですか？ 무엇을 가지고 싶어요?

1. 주어진 단어와 てほしい를 활용하여 빈칸을 채우시오.

1) 許す（ゆる）　　許してほしいです。
　용서하다
2) 渡す（わた）
　건네다
3) 忘れる（わす）
　잊다
4) 覚える（おぼ）
　기억하다
5) 充電する（じゅうでん）
　충전하다
6) 交換する（こうかん）
　교환하다
7) 付き合う（つ　あ）
　사귀다
8) やめる
　그만하다

2. 주어진 단어와 てほしい를 활용하여 문장을 완성하시오.

> 許す　付き合う　降（ふ）る　覚（おぼ）える　撮（と）る　交換する　確認（かくにん）する　来（く）る　やめる　渡す

1) 私の名前をぜひ 覚えてほしいです。

2) この服（ふく）、サイズがちょっと小（ちい）さいです。

3) ごめんなさい。私が悪（わる）かったです。

4) 私の誕生日（たんじょうび）パーティーにぜひ

5) いやです。もう

6) あなたのことが大好（だいす）きです。僕（ぼく）と

7) あのすみませんが、このカメラで写真（しゃしん）を

8) 昨日電話（でんわ）で予約（よやく）したんですけど

9) この手紙（てがみ）、お願（ねが）いですから彼女に

10) 暑（あつ）いですね。こんな日は雨（あめ）が 降（ひ）

4. てほしい를 활용하여 타인에게 바라는 점을 쓰시오.

1)
2)
3)

UNIT 37 | ～てもいい
~해도 좋다(되다)

いて、いで、んで ──── (く → いて) (ぐ → いで) (ぬ、む、ぶ → んで)

聞く → 聞いてもいい　　聞いてもいいですか？
묻다, 듣다　　물어도 되다　　물어봐도 돼요?

頼む → 頼んでもいい　　一つ頼んでもいいですか？
부탁하다　　부탁해도 되다　　하나 부탁해도 돼요?

選ぶ → 選んでもいい　　私が選んでもいいですか？
고르다　　골라도 되다　　제가 골라도 돼요?

って ──── (う、つ、る → って) (す → して)

使う → 使ってもいい　　このパソコンを使ってもいいですか？
사용하다　　사용해도 되다　　이 컴퓨터를 사용해도 돼요?

泊まる → 泊まってもいい　　この家に泊まってもいいですか？
머물다　　머물러도 되다　　이 집에서 지내도 돼요?

て ──── る앞이 2단, 4단이면 → る 떼고 て

食べる → 食べてもいい　　この果物を私が食べてもいいですか？
먹다　　먹어도 되다　　이 과일을 제가 먹어도 돼요?

見る → 見てもいい　　カバンの中を見てもいいですか？
보다　　봐도 되다　　가방 속을 봐도 돼요?

예외 ──── (来る → 来て) (する → して) (行く → 行って)

行く → 行ってもいい　　そこに行ってもいいですか？
가다　　가도 되다　　거기에 가도 돼요?

お願いする → お願いしてもいい　　お願いしてもいいですか？
부탁하다　　부탁해도 되다　　부탁해도 돼요?

1. 주어진 단어와 てもいい를 활용하여 질문, 대답하시오.

1) 触る
  만지다
  触ってもいいですか？
  触ってもいいです。

2) 使う
  사용하다

3) お願いする
  부탁드리다

4) 聞く
  묻다

2. 주어진 단어와 てもいい를 활용하여 질문, 대답하시오.

1) ゴミ、捨てる
  쓰레기, 버리다

2) エアコン、つける
  에어컨, 켜다

3) ドア、開ける
  문, 열다

4) 窓、閉める
  창문, 닫다

3. 주어진 단어와 てもいいですか를 활용하여 상황에 맞게 질문, 대답하시오.

> 聞く　使う　開ける　捨てる　閉める　つける

1) 扇風機をつけてもいいですか？　　　？ はい。つけてもいいです。
2) ちょっと寒いですね。ドアを　　　　？ はい。
3) 暑いですね。窓を　　　　　　　　　？ はい。
4) この充電器をちょっと　　　　　　　？ はい。
5) これはゴミですか？　　　　　　　　？ はい。
6) 先生、質問があります。　　　　　　？ はい。

4. てもいい를 활용하여 문장을 만드시오.

1)
2)
3)

UNIT 38 ~てはいけません
~하면 안 되다

いて、いで、んで ────(く→いて) (ぐ→いで) (ぬ、む、ぶ→んで)────

動^{うご}く 움직이다
動いてもいいですか？
움직여도 돼요?
いいえ。まだ動いてはいけません。
아니요. 아직 움직이면 안 돼요.

休^{やす}む 쉬다
休んでもいいですか？
쉬어도 돼요?
いいえ。休んではいけません。
아니요. 쉬면 안 돼요.

選^{えら}ぶ 고르다
色を選んでもいいですか？
색깔을 골라도 돼요?
いいえ。選んではいけません。
아니요. 고르면 안 돼요.

って ────(う、つ、る→って) (す→して)────

笑^{わら}う 웃다
笑ってもいいですか？
웃어도 돼요?
笑ってはいけません。
웃으면 안 돼요.

撮^とる 찍다
写真を撮ってもいいですか？
사진을 찍어도 돼요?
写真を撮ってはいけません。
사진을 찍으면 안 돼요.

て ──── る앞이 2단, 4단이면 → る 떼고 て ────

見^みせる 보여주다
友達に見せてもいいですか？
친구한테 보여줘도 돼요?
見せてはいけません。
보여주면 안 돼요.

諦^{あきら}める 포기하다
諦めてもいいですか？
포기해도 돼요?
諦めてはいけません。
포기하면 안 돼요.

예외 ────(来る→来^きて) (する→して) (行く→行って)────

持^もって行^いく 가지고 가다
持って行ってもいいですか？
가지고 가도 돼요?
持って行ってはいけません。
가지고 가면 안 돼요.

キャンセルする 취소하다
キャンセルしてもいいですか？
취소해도 돼요?
キャンセルしてはいけません。
취소하면 안 돼요.

1. 주어진 단어와 てもいい를 활용하여 질문, てはいけません을 활용하여 대답하시오.

1) 触(さわ)る　　触ってもいいですか？
　　만지다　　　触ってはいけません。

2) 写真(しゃしん)を撮(と)る _____
　　사진을 찍다

3) 見(み)せる _____
　　보여주다

4) お風呂(ふろ)に入(はい)る _____
　　목욕하다

2. 주어진 단어와 てもいい를 활용하여 질문, てはいけません을 활용하여 대답하시오.

1) 友達(ともだち)、連(つ)れて行く _____
　　친구, 데리고 가다

2) おもちゃ、持(も)って行く _____
　　장난감, 가지고 가다

3) 目(め)、開(あ)ける _____
　　눈, 뜨다

4) 歌(うた)を歌う _____
　　노래를 부르다

3. 주어진 단어와 てもいい를 활용하여 상황에 맞게 질문, てはいけません을 사용하여 대답하시오.

> 撮る　　持っていく　　開ける　　連れて行く　　見せる　　入る

1) 目を _____ ? いいえ。_____

2) 写真を _____ ? いいえ。_____

3) 先(さき)にお風呂に _____ ? いいえ。_____

4) 赤(あか)ちゃんを _____ ? いいえ。_____

5) 飲(の)み物(もの)を _____ ? いいえ。_____

6) この写真をお母さんに _____ ? いいえ。_____

4. 다음을 번역하시오.

1) 여기에서 자면 안 돼요. _____

2) 교실에서 노래를 부르면 안 돼요. _____

3) 도서관에서 이야기하면 안 돼요. _____

> ここ 여기
> 教室(きょうしつ) 교실
> 図書館(としょかん) 도서관

5. てはいけません를 활용하여 문장을 만드시오.

1) _____

2) _____

3) _____

UNIT 39

~てみる
~해 보다

いて、いで、んで　　(く → いて) (ぐ → いで) (ぬ、む、ぶ → んで)

はたら			
働く	→ 働いてみる	→ 働いてみる + たい	海外で働いてみたいです。
일하다	일해 보다	일해 보다 + 고 싶다	해외에서 일해 보고 싶어요.

の			
飲む	→ 飲んでみる	→ 飲んでみる + ました	ビールを飲んでみました。
마시다	마셔 보다	마셔 보다 + 았어요	맥주를 마셔 봤어요.

って　　(う、つ、る → って) (す → して)

なら			
習う	→ 習ってみる	→ 習ってみる + たい	柔道を習ってみたいです。
배우다	배워 보다	배워 보다 + 고 싶다	유도를 배워 보고 싶어요.

やる	→ やってみる	→ やってみる + てもいい	一度やってみてもいいですか？
하다	해 보다	해 보다 + 아도 되다	한 번 해 봐도 돼요?

て　　る앞이 2단, 4단이면 → る 떼고 て

しら			
調べる	→ 調べてみる	→ 調べてみる + ましょうか	原因を調べてみましょうか？
조사하다	조사해 보다	조사해 보다 + ㄹ까요	원인을 조사해 볼까요?

かぞ			
数える	→ 数えてみる	→ 数えてみる + ましょう	数字を数えみましょう。
세다	세 보다	세 보다 + ㅂ시다	숫자를 세봅시다.

예외　　(来る → 来て) (する → して) (行く → 行って)

来る	→ 来てみる	→ こっちに来てみてください。
오다	와 보다	이쪽으로 와 보세요.

する	→ してみる	→ ダイビングをしてみたいですね。
하다	해 보다	다이빙을 해 보고 싶네요.

行く	→ 行ってみる	→ 私はイギリスに行ってみたいです。
가다	가 보다	저는 영국에 가 보고 싶어요.

1. 주어진 단어와 てみる, ましたか를 활용하여 질문, てみる, ました로 대답하시오.

1) 調べる　　調べてみましたか？　　　　2) 使う
　조사하다　　調べてみました。　　　　　사용하다

3) 比べる　　　　　　　　　　　　　　　4) 乗る
　비교하다　　　　　　　　　　　　　　　타다

2. 주어진 단어와 てみる, たい를 활용하여 질문, 대답하시오.

1) 相撲、習う　　　　　　　　　　　　　2) ドイツ、行く
　스모, 배우다　　　　　　　　　　　　　독일, 가다

3) 着物、着る　　　　　　　　　　　　　4) 猿、触る
　기모노, 입다　　　　　　　　　　　　　원숭이, 만지다

3. 주어진 단어와 てみる, たい, かった, ので, ました를 활용하여 문장을 완성하시오.

1) 着物、着る、借りる → 着物を着てみたかったので借りました。
　기모노, 입다, 빌리다　기모노를 입어 보고 싶어서 빌렸어요.

2) 海、泳ぐ →
　바다, 수영하다　　　바다에서 수영해 보고 싶어서 바다에 갔어요.

3) フランス、行く →
　프랑스, 가다　　　프랑스에 가 보고 싶어서 비행기 티켓을 샀어요.

4) ピアノ、弾く →
　피아노, 치다　　　피아노를 쳐 보고 싶어서 친구네 집에 갔어요.

4. てみる를 활용하여 문장을 만드시오.

1)

2)

3)

UNIT 40

~てしまう
~해 버리다

いて、いで、んで ──── (く → いて) (ぐ → いで) (ぬ、む、ぶ → んで) ────

泣く	→ 泣いてしまう	恥ずかしくて泣いてしまいました。
울다	울어버리다	창피해서 울어버렸어요.

死ぬ	→ 死んでしまう	犬が死んでしまいました。
죽다	죽어버리다	개가 죽어버렸어요.

って ──── (う、つ、る → って) (す → して) ────

売る	→ 売ってしまう	お父さんが私の犬を売ってしまいました。
팔다	팔아버리다	아버지가 저의 개를 팔아버렸어요.

怒る	→ 怒ってしまう	愛する彼女に怒ってしまいました。
화나다, 화내다	화내버리다	사랑하는 그녀에게 화내버렸어요.

て ──── る앞이 2단, 4단이면 → る 떼고 て ────

寝る	→ 寝てしまう	疲れて寝てしまいました。
자다	자버리다	피곤해서 자버렸어요.

投げる	→ 投げてしまう	怒って携帯を投げてしまいました。
던지다	던져버리다	화나서 핸드폰을 던져 버렸어요.

예외 ──── (来る → 来て) (する → して) (行く → 行って) ────

けがする	→ けがしてしまう	けがしてしまいました。
다치다	다쳐버리다	다쳐버렸어요.

喧嘩する	→ 喧嘩してしまう	親と喧嘩してしまいました。
싸우다	싸워버리다	부모님이랑 싸워버렸어요.

참고

てしまう＝ちゃう、してしまう＝しちゃう

1. 주어진 단어와 てしまう + ました를 활용하여 빈칸을 채우시오.

1) 落とす　　落としてしまいました。
떨어뜨리다

2) 落ちる
떨어지다

3) 間違える
틀리다

4) 倒れる
넘어지다

5) 使う
사용하다

6) 壊れる
부서지다

2. 주어진 단어와 て와 てしまう + ました를 활용하여 문장을 완성하시오.

1) (怒る、喧嘩する)　→
화나서 싸워버렸어요.

2) (倒れる、けがする)　→
넘어져서 다쳐버렸어요.

3) (びっくりする、落とす)　→
깜짝 놀라서 떨어뜨려버렸어요.

3. 주어진 단어와 ちゃう + ました를 활용하여 빈칸을 채우시오.

1) 忘れる
잊다

2) バレる
들키다

3) 捨てる
버리다

4) 辞める
그만두다

5) 別れる
헤어지다

6) 寝る
자다

4. 주어진 단어와 て、ちゃう + ました를 활용하여 빈칸을 채우시오.

1) (雨が降る、遅れる)　→
비가 내려서 늦어버렸어요.

2) (喧嘩する、別れる)　→
싸워서 헤어져버렸어요.

3) (難しい、辞める)　→
어려워서 그만둬버렸어요.

4) (怒る、投げる)　→
화나서 던져버렸어요.

UNIT 41

~た
~한

いた、いだ、んだ — (く → いた) (ぐ → いだ) (ぬ、む、ぶ → んだ)

聞く → 聞いた → 聞いたこと | 一度聞いたことは忘れません。
듣다 / 들었다 / 들은 것 | 한 번 들은 것은 잊어버리지 않아요.

読む → 読んだ → 読んだ本 | 数年前に読んだ本です。
읽다 / 읽었다 / 읽은 책 | 수년전에 읽은 책이에요.

った — (う、つ、る → った) (す → した)

会う → 会った → 会った人 | ネットで会った人と結婚しました。
만나다 / 만났다 / 만난 사람 | 인터넷에서 만난 사람과 결혼했어요.

送る → 送った → 送ったメール | 私が送ったメールを読みましたか？
보내다 / 보냈다 / 보낸 메일(문자) | 제가 보낸 문자를 읽었어요?

た — る앞이 2단, 4단이면 → る 떼고 た

見つける → 見つけた → 見つけた物 | これは私が見つけたものです。
찾아내다 / 찾아냈다 / 찾아낸 물건 | 이것은 제가 찾아낸 물건이에요.

見る → 見た → 見た映画 | 一度見た映画ですが、また見たいです。
보다 / 봤다 / 본 영화 | 한 번 본 영화지만 또 보고 싶어요.

예외 — (来る → 来た) (する → した) (行く → 行った)

予想する → 予想した → 予想した問題 | 予想した問題が試験に出ました。
예상하다 / 예상했다 / 예상한 문제 | 예상한 문제가 시험에 나왔어요.

注文する → 注文した → 注文した料理 | 注文した料理はまだですか？
주문하다 / 주문했다 / 주문한 음식 | 주문한 음식은 아직이에요?

1. 주어진 단어와 た를 활용하여 빈칸을 채우시오.

1) 買う、物   買った物
사다, 물건

2) 拾う、お金
줍다, 돈

3) 怒る、お客さん
화나다, 손님

4) 送る、メール
보내다, 문자

5) もらう、プレゼント
받다, 선물

6) 結婚する、女の人
결혼하다, 여자

2. 주어진 단어와 た를 활용하여 보기의 문장을 완성하시오.

1) なくす、もの →
잃어버린 물건이 있어요.

2) 習う、単語、忘れる →
배운 단어를 잊어버렸어요.

3) 約束する、時間、来る →
약속한 시간에 오지 않았어요.

4) 昨日、買う、パソコン、もう、壊れる →
어제 산 컴퓨터가 벌써 망가져버렸어요.

5) これ、私、撮る、写真 →
이것은 제가 찍은 사진이에요.

3. た과 です + (が、けど) 를 활용하여 문장을 완성하시오.

1) ご飯を(   )まだお腹が空いています。
밥을 먹었지만 아직 배가 고파요.

2) 一生懸命(   )落ちました。
열심히 공부했지만 떨어졌어요.

3) パーティーに(   )誰もいなかったです。
파티에 갔지만 아무도 없었어요.

4. た를 활용하여 문장을 만드시오.

1)

2)

3)

UNIT 42

~た後で
~한 후에

いた、いだ、んだ ──── (く → いた) (ぐ → いだ) (ぬ、む、ぶ → んだ) ────

着く	→ 着いた後	家についた後で晩ごはんを食べました。
도착하다	도착한 후	집에 도착한 후에 저녁밥을 먹었어요.

読む	→ 読んだ後	2時間ぐらい本を読んだ後で家に帰りました。
읽다	읽은 후	2시간정도 책을 읽은 후에 집에 돌아갔어요.

った ──── (う、つ、る → った) (す → した) ────

会う	→ 会った後	彼に会った後で郵便局に行きました。
만나다	만난 후	그를 만난 후 우체국에 갔어요.

送る	→ 送った後	メールを送った後でトイレに行きました。
보내다	보낸 후	문자(메일)을 보낸 후에 화장실에 갔어요.

た ──── る앞이 2단, 4단이면 → る 떼고 た ────

出かける	→ 出かけた後	親が出かけた後でゲームをしました。
나가다	나간 후	부모님이 나가신 후에 게임을 했어요.

食べる	→ 食べた後	朝ごはんを食べた後で図書館に行きました。
먹다	먹은 후	아침밥을 먹고 난 후에 도서관에 갔어요.

예외 ──── (来る → 来た) (する → した) (行く → 行った) ────

買い物する	→ 買い物した後	コンビニで買い物した後で友達に会いました。
장을 보다	장을 본 후	편의점에서 장을 본 후에 친구를 만났어요.

シャワーする	→ シャワーした後	シャワーした後で寝ました。
샤워하다	샤워한 후	샤워한 후에 잤어요.

1. 주어진 단어와 た後で를 활용하여 빈칸을 채우시오.

1) 終わる _____
   끝나다

2) 起きる _____
   일어나다

3) 飲む _____
   마시다

4) 行く _____
   가다

5) 歯を磨く _____
   이를 닦다

6) 見る _____
   보다

2. た後で를 활용하여 문장을 완성하시오.

1) (授業、終わる、た後で、映画、見る、に、行く、ました)
   →
   수업이 끝난 후에 영화를 보러 갔어요.

2) (映画、見る、た後で、コーヒー、飲む、に、行く、ました)
   →
   영화를 본 후에 커피를 마시러 갔어요.

3) (コーヒー、飲む、だ後で、家、帰る、ました)
   →
   커피를 마신 후에 집에 돌아갔어요.

4) (家、帰る、た後で、お風呂に入る、ました)
   →
   집에 돌아온 후에 목욕했어요.

5) (お風呂に入る、た後で、すぐに、寝る、ました)
   →
   목욕한 후에 바로 잤어요.

3. た後で를 사용해서 질문에 답하시오.

1) 勉強した後で何をしますか？
2) ご飯を食べた後で何をしたいですか？
3) 昨日お酒を飲んだ後で何をしましたか？
4) 会社が終わった後でどこに行く予定ですか？
5) 学校を辞めた後で何がしたいですか？

4. た後で를 사용해서 오늘의 일기를 쓰시오.

UNIT 43 ~たり
~하거나

いた, いだ, んだ
(く → いたり) (ぐ → いだり) (ぬ, む, ぶ → んだり)

| 聞く 듣다 | → | 聞いたり 듣거나 | 音楽を聞いたりテレビを見たりします。
음악을 듣거나 티비를 보거나 해요. |

| 飲む 마시다 | → | 飲んだり 마시거나 | コーヒーを飲んだりビールを飲んだりします。
커피를 마시거나 맥주를 마시거나 해요. |

った
(う, つ, る → ったり) (す → したり)

| 会う 만나다 | → | 会ったり 만나거나 | 友達に会ったり彼女に会ったりします。
친구를 만나거나 여자친구를 만나거나 해요. |

| 作る 만들다 | → | 作ったり 만들거나 | サンドイッチを作ったりお菓子を作ったりします。
샌드위치를 만들거나 과자를 만들거나 해요. |

た
る앞이 2단, 4단이면 → る 떼고 たり

| 教える 가르치다 | → | 教えたり 가르치거나 | 私は日本語を教えたり英語を教えたりします。
저는 일본어를 가르치거나 영어를 가르치거나 해요. |

| 見る 보다 | → | 見たり 보거나 | 写真を見たり友達と話したりします。
사진을 보거나 친구랑 이야기하거나 해요. |

예외
(来る → 来たり) (する → したり) (行く → 行ったり)

| 勉強する 공부하다 | → | 勉強したり 공부하거나 | 普通、平日には勉強したり運動したりします。
보통, 평일에는 공부하거나 운동하거나 해요. |

| 掃除する 청소하다 | → | 掃除したり 청소하거나 | 週末には家で掃除したり料理したりします。
주말에는 집에서 청소하거나 요리하거나 해요. |

1. 주어진 단어와 たり를 활용하여 ～します 형태의 문장을 완성하시오.

1) 本を読む、映画を見る　　　　　　　**本を読んだり映画を見たりします。**
　　책을 읽다, 영화를 보다

2) コーヒーを飲む、お茶を飲む
　　커피를 마시다, 차를 마시다

3) ご飯を食べる、カラオケに行く
　　밥을 먹다, 노래방에 가다

4) 踊りを踊る、歌を歌う
　　춤을 추다, 노래를 부르다

5) ユーフォーキャッチャーする、映画館に行く
　　인형뽑기하다, 영화관에 가다

2. たり를 활용하여 질문에 답하시오.

1) 今日、何をしますか？

2) 休みの日に何をしますか？

3) 週末に何をしましたか？

4) 旅行に行く前に何をしますか？

5) 恋人に会って何をしますか？

3. たり와 して 를 활용하여 문장을 완성하시오.

1) (友達に会う、家で、映画を見る)　→
　　　　　　　　　　　　　　　　　　친구를 만나거나 집에서 영화를 보거나 해요.

2) (図書館、勉強する、本を読む)　→
　　　　　　　　　　　　　　　　　　도서관에서 공부를 하거나 책을 읽거나 해요.

3) (ショッピングする、ご飯を食べる) →
　　　　　　　　　　　　　　　　　　쇼핑하거나 밥을 먹거나 해요.

4. たり를 활용하여 문장을 만드시오.

1)

2)

3)

UNIT 44 ~たことがある・たことがない
~한 적이 있다 · 한 적이 없다

いた、いだ、んだ ── (く → いた) (ぐ → いだ) (ぬ、む、ぶ → んだ)

聞く → 聞いた → 聞いたことがある
듣다　　　　　　　들은 적이 있다

泳ぐ → 泳いだ → 泳いだことがある
수영하다　　　　　수영한 적이 있다

盗む → 盗んだ → 盗んだことがある
훔치다　　　　　　훔친 적이 있다

遊ぶ → 遊んだ → 遊んだことがある
놀다　　　　　　　논 적이 있다

った ── (う、つ、る → った) (す → した)

会う → 会った → 会ったことがある
만나다　　　　　　만난 적이 있다

勝つ → 勝った → 勝ったことがある
이기다　　　　　　이긴 적이 있다

乗る → 乗った → 乗ったことがある
타다　　　　　　　탄 적이 있다

探す → 探した → 探したことがある
찾다　　　　　　　찾은 적이 있다

た ── る앞이 2단, 4단이면 → る 떼고 た

負ける → 負けた → 負けたことがある
지다　　　　　　　진 적이 있다

教える → 教えた → 教えたことがある
가르치다　　　　　가르친 적이 있다

見る → 見た → 見たことがある
보다　　　　　　　본 적이 있다

出る → 出た → 出たことがある
나가다　　　　　　나간 적이 있다

예외 ── (来る → 来た) (する → した) (行く → 行った)

来る → 来た → 来たことがある
오다　　　　　　　온 적이 있다

する → した → したことがある
하다　　　　　　　한 적이 있다

行く → 行った → 行ったことがある
가다　　　　　　　간 적이 있다

1. 주어진 단어와 たことがある를 활용하여 질문, たことがない로 대답하시오.

1) する   *したことがありますか？*   2) なくす   3) 行^いく
하다   *したことがないです。*   잃어버리다   가다

4) 着^きる   5) 乗^のる   6) 泳^{およ}ぐ
입다   타다   수영하다

2. 주어진 단어와 たことがない를 활용하여 질문, たことがある로 대답하시오.

1) 住^すむ   2) 付^つき合^あう   3) デートする
살다   사귀다   데이트하다

4) 借^かりる   5) 喧嘩^{けんか}する   6) ダイエットする
빌리다   싸우다   다이어트하다

3. 자신의 경험을 토대로 보기의 단어와 たことがある・ない를 활용하여 답하시오.

> 1) 着る   2) 行く   3) 借りる   4) する   5) なくす   6) 乗る   7) 住む   8) 行く   9) 喧嘩する

1) 着物^{きもの}を
2) アメリカに
3) お金^{かね}を
4) アルバイトを
5) パスポートを
6) バイクに
7) イギリスに
8) 海^{うみ}で
9) 友達^{ともだち}と

4. たことがある・ない를 활용하여 문장을 만드시오.

1)
2)
3)

UNIT 45

~たほうがいい
~는 편이 좋다(낫다)

いた、いだ、んだ ──── (く → いた) (ぐ → いだ) (ぬ、む、ぶ → んだ)

働く → 働いた方がいい　　休むより働いた方がいいです。
일하다　　일하는 편이 낫다　　쉬는 것보다 일하는 편이 나아요.

頼む → 頼んだ方がいい　　知り合いに頼んだ方がいいです。
부탁하다　부탁하는 편이 낫다　아는 사람에게 부탁하는 편이 나아요.

った ──── (う、つ、る → った) (す → した)

買う → 買った方がいい　　お店で買うよりネットで買った方がいいです。
사다　　사는 편이 낫다　　가게에서 사는 것 보다 인터넷에서 사는 편이 나아요.

戻る → 戻った方がいい　　10時までには戻った方がいいです。
돌아가다　돌아가는 편이 낫다　10시까지는 돌아가는 편이 나아요.

た ──── る앞이 2단, 4단이면 → る 떼고 た

寝る → 寝た方がいい　　早く寝た方がいいと思います。
자다　　자는 편이 낫다　　빨리 자는 편이 좋은 것 같아요.

出る → 出た方がいい　　家に泊まるより外に出た方がいいです。
나가다　나가는 편이 낫다　집에서 머무는 것보다 밖에 나가는 편이 나아요.

예외 ──── (来る → 来た) (する → した) (行く → 行った)

我慢する → 我慢した方がいい　　喧嘩するより我慢した方がいいです。
참다　　　참는 편이 낫다　　　싸우는 것보다 참는 편이 나아요.

無視する → 無視した方がいい　　返事するより無視した方がいいです。
무시하다　　무시하는 편이 낫다　답장하는 것보다 무시하는 편이 나아요.

1. 주어진 단어와 た方がいい를 활용하여 빈칸을 채우시오.

1) 起きる　　　起きた方がいいです。
일어나다

2) 練習する
연습하다

3) 借りる
빌리다

4) レンタルする
렌탈하다

5) 住む
살다

6) 隠す
숨기다

7) 手伝う
돕다

8) お願いする
부탁하다

2. 주어진 단어와 た方がいい를 활용하여 보기의 문장을 완성하시오.

1) 朝、早く、起きる　→
아침 일찍 일어나는 편이 나아요.

2) 都会、より、田舎、住む　→
도시보다 시골에서 사는 편이 나아요.

3) 本、図書館、借りる　→
책은 도서관에서 빌리는 편이 나아요.

4) 無視する、より、返事する　→
무시하는 것보다 답장하는 편이 나아요.

5) 知り合い、お願いする　→
　 より、自分で、やる
아는 사람에게 부탁하는 것보다 스스로 하는 편이 나아요.

3. た方를 활용하여 다음의 문장을 일본어로 번역하시오.

1)
소파에서 자는 것 보다 침대에서 자는 편이 편해요.

2)
버스로 가는 것 보다 지하철을 타는 편이 빨라요.

4. た方がいい 를 활용하여 문장을 만드시오.

1)

2)

3)

UNIT 46

~ない
~지 않다 (안)

1단	あ か さ た な は ま や ら わ ん
2단	い き し ち に ひ み　　 り
3단	う く す つ ぬ ふ む ゆ る
4단	え け せ て ね へ め　　 れ
5단	お こ そ と の ほ も よ ろ を

る → ない   る앞이 2단, 4단이면 → る 떼고 ない

食べる → 食べない　　寿司は食べないですか？　　はい。食べないです。
먹다　　　먹지 않다　　초밥은 안 먹어요?　　　　　네, 안 먹어요.

見る　 → 見ない　　　お母さんはテレビを見ますか？　いいえ。見ないです。
보다　　　보지 않다　　어머니는 티비를 봐요?　　　　아니요. 안 봐요.

1단 → ない   2단, 4단으로 끝나지 않는 단어는 마지막 글자를 1단으로 바꾸고 ない

遊ぶ　 → 遊ばない　　今日は遊ばないですか？　　遊びません。
놀다　　　놀지 않다　　오늘은 놀지 않아요?　　　　안 놀아요.

聞く　 → 聞かない　　彼女は音楽を聞きますか？　　いいえ。聞かないです。
듣다　　　듣지 않다　　그녀는 음악을 들어요?　　　　아니요. 안 들어요.

예외   (来る → 来ない) (する → しない) (う → わない)

する　 → しない　　　　　　　　言う　 → 言わない
하다　　　하지 않다　　　　　　　말하다　　말하지 않다

来る　 → 来ない　　　　　　　　帰る　 → 帰らない
오다　　　오지 않다　　　　　　　돌아가다　돌아가지 않다

1. 주어진 단어와 ない를 활용하여 질문, 답변하시오.

1) 飲む　飲まないですか？
　　마시다　飲まないです。

2) 聞く
　　듣다

3) 言う
　　말하다

4) 分かる
　　이해하다

5) する
　　하다

6) 来る
　　오다

7) 会う
　　만나다

8) 運動する
　　운동하다

9) 帰る
　　돌아가다

2. 주어진 단어와 ない을 활용하여 문장을 완성하시오.

　　する　会う　食べる　運動する　行く　見る　飲む　聞く　買う　帰る

1) 父はテレビを
2) 今日は家に
3) 弟はお酒を
4) 母は音楽を
5) 妹はジムで
6) 彼は家に
7) 彼女は服を
8) 私は友達に
9) 彼氏はパンを
10) 兄は宿題を

3. 주어진 단어와 함께 から와 ない를 활용하여 문장을 만드시오. *から: 니까

1) (寒い、外、出る)
2) (おもしろくない、見る)
3) (めんどうくさい、やる)

4. ない를 활용하여 문장을 만드시오.

1)
2)
3)
4)
5)

UNIT 47 | ~ないほうがいい
~지 않는 편이 낫다(좋다)

る → ない …… る앞이 2단, 4단이면 → る 떼고 ない

借りる 빌리다	→ 借りない方がいい 빌리지 않는 편이 낫다	友達にはお金を借りない方がいいです。 친구한테는 돈을 빌리지 않는 편이 나아요.
遅れる 늦다	→ 遅れない方がいい 늦지 않는 편이 낫다	できれば遅れない方がいいですよ。 가능하면 늦지 않는 편이 나아요.
出る 나가다	→ 出ない方がいい 나가지 않는 편이 낫다	風が強いですから外には出ない方がいいです。 바람이 강하니까 밖에는 나가지 않는 편이 나아요.

1단 → ない …… 2단, 4단으로 끝나지 않는 단어는 마지막 글자를 1단으로 바꾸고 ない

行く 가다	→ 行かない方がいい 가지 않는 편이 낫다	クラブには行かない方がいいです。 클럽에는 가지 않는 편이 나아요.
嘘をつく 거짓말을 하다	→ 嘘をつかない方がいい 거짓말을 하지 않는 편이 낫다	嘘はつかない方がいいです。 거짓말은 하지 않는 편이 나아요.
話す 이야기하다	→ 話さない方がいい 이야기하지 않는 편이 낫다	あの人とは話さない方がいいです。 그 사람과는 이야기하지 않는 편이 나아요.

예외 …… （来る → 来ない）（する → しない）（う → わない）

言う 말하다	→ 言わない方がいい 말하지 않는 편이 낫다	秘密は誰にも言わない方がいいです。 비밀은 누구에게도 말하지 않는 편이 나아요.
返事する 답장하다	→ 返事しない方がいい 답장하지 않는 편이 낫다	知らない人には返事しない方がいいです。 모르는 사람한테는 답장하지 않는 편이 나아요.
喧嘩する 싸우다	→ 喧嘩しない方がいい 싸우지 않는 편이 낫다	先輩とは喧嘩しない方がいいです。 선배와는 싸우지 않는 편이 나아요.

1. 주어진 단어와 ない方がいい를 활용하여 문장을 완성하시오.

1) 嘘をつく　　嘘をつかない方がいいです。　　2) 隠す
　　거짓말하다　　　　　　　　　　　　　　　　　　숨기다

3) 乗る　　　　　　　　　　　　　　　　　　4) タバコを吸う
　　타다　　　　　　　　　　　　　　　　　　　　　담배를 피우다

5) 帰る　　　　　　　　　　　　　　　　　　6) 残業する
　　돌아가다　　　　　　　　　　　　　　　　　　　잔업하다

7) 使う　　　　　　　　　　　　　　　　　　8) お願いする
　　사용하다　　　　　　　　　　　　　　　　　　　부탁하다

2. 1번에서 주어진 단어를 무작위로 골라 ない方がいい를 활용하여 문장을 만드시오.

1)

2)

3)

4)

5)

3. ですから와 ない方がいい를 활용하여 다음의 문장을 일본어로 번역하시오.

1) **日本のタクシーは高いですから乗らない方がいいです。**
　　일본의 택시는 비싸니까 타지 않는 편이 좋아요.

2)
　　위험하니까 가지 않는 편이 좋아요.

3)
　　담배는 몸에 좋지 않으니까 피우지 않는 편이 좋아요.

4. ない方がいい 를 활용하여 문장을 만드시오.

1)

2)

3)

UNIT 48 　〜ないでください
〜지 말아 주세요

る → ない　　　　ない 대신 → ないでください

辞める → 辞めないで　　　バイトは辞めないでください。
그만두다　　그만두지 말아　　아르바이트는 그만두지 마세요.

捨てる → 捨てないで　　　ここにゴミを捨てないでください。
버리다　　버리지 말아　　여기에 쓰레기를 버리지 마세요.

逃げる → 逃げないで　　　もう逃げないでください。
도망가다　　도망가지 말아　　더이상 도망가지 마세요.

1단 → ない　　　　ない 대신 → ないでください

話す → 話さないで　　　図書館では話さないでください。
얘기하다　　얘기하지 말아　　도서관에서는 얘기하지 말아 주세요.

座る → 座らないで　　　ここに座らないでください。
앉다　　앉지 말아　　여기에 앉지 마세요.

嘘をつく → 嘘をつかないで　　嘘をつかないでください。
거짓말하다　　거짓말하지 말아　　거짓말하지 마세요.

예외　　　（来る → 来ない）（する → しない）（う → わない）

心配する → 心配しないで　　そんなに心配しないでください。
걱정하다　　걱정하지 말아　　그렇게 걱정하지 마세요.

来る → 来ないで　　　二度と来ないでください。
오다　　오지 말아　　두 번 다시는 오지 마세요.

歌を歌う → 歌を歌わないで　教室で歌を歌わないでください。
노래를 부르다　　노래를 부르지 말아　　교실에서 노래를 부르지 마세요.

1. 주어진 단어와 ないでください를 활용하여 빈칸을 채우시오.

1) 悩_{なや}む
고민하다

2) 気_きにする
신경쓰다

3) 話_{はな}しかける
말을 걸다

4) 諦_{あきら}める
포기하다

5) 遅_{おく}れる
늦다

6) 辞_やめる
그만두다

2. 보기의 단어와 ないでください를 활용하여 문장을 완성하시오. *から: 니까

> 気にする   歌を歌う   諦める   遅れる   する

1) 後少_{あとすこ}しです。

2) うるさいです。

3) 危_{あぶ}ないですから

4) 朝_{あさ}7時_じに会議_{かいぎ}がありますから

5) それは私の問題_{もんだい}ですから

3. から와 ないでください를 활용하여 문장을 만드시오.

1) (危_{あぶ}ない、外_{そと}に出_でる)

2) (熱_{あつ}い、触_{さわ}る)

3) (忙_{いそが}しい、話_{はな}しかける)

4) (いらない、買_かう)

4. ないでください를 활용하여 문장을 만드시오.

1)

2)

3)

4)

5)

UNIT 49

～から・ので
～니까・기 때문에

ですから

| 大人(おとな) | → | 大人ですから | 大人ですから我慢(がまん)します。 |
| 어른 | | 어른이니까 | 어른이니까 참을게요. |

| 子供(こども) | → | 子供ですから | 子供ですから許(ゆる)してください。 |
| 아이 | | 아이니까 | 아이니까 용서해 주세요. |

ですから

| 寒(さむ)い | → | 寒いですから | 寒いですからヒーターをつけてください。 |
| 춥다 | | 추우니까 | 추우니까 히터를 틀어 주세요. |

| 暑(あつ)い | → | 暑いですから | 暑いですから窓(まど)を開(あ)けてください。 |
| 덥다 | | 더우니까 | 더우니까 창문을 열어 주세요. |

ですから

| 大切(たいせつ)だ | → | 大切ですから | 大切ですからなくさないでください。 |
| 소중하다 | | 소중하니까 | 소중하니까 잃어버리지 마세요. |

| 複雑(ふくざつ)だ | → | 複雑ですから | 複雑ですからほっといてください。 |
| 복잡하다 | | 복잡하니까 | 복잡하니까 내버려 두세요. |

から

| 持(も)って行(い)く | → | 持って行きますから | 持って行きますから心配(しんぱい)しないでください。 |
| 가지고 가다 | | 가지고 가니까 | 가지고 가니까 걱정하지 마세요. |

| 連(つ)れて行(い)く | → | 連れて行きますから | 娘(むすめ)を連れて行きますからよろしくお願(ねが)いします。 |
| 데리고 가다 | | 데리고 가니까 | 딸을 데리고 가니까 잘 부탁드려요. |

| 出発(しゅっぱつ)する | → | 出発しますから | 1時(じ)に出発しますから準備(じゅんび)してください。 |
| 출발하다 | | 출발하니까 | 1시에 출발하니까 준비해 주세요. |

1. 주어진 단어와 から를 활용하여 빈칸을 채우시오.

1) ない
없다

2) 同じだ
같다

3) 危ない
위험하다

4) ある
있다 (사물)

5) 同い年
동갑

6) タメ口を使う
반말을 쓰다

7) いる
있다 (사람·동물)

8) 先輩
선배

9) 敬語を使う
존댓말을 쓰다

2. 주어진 단어와 から를 활용하여 번역하시오.

> タメ口を使う　早い　先輩　同い年　敬語を使う　気をつける

1) 위험하니까 조심하세요.

2) 동갑이니까 반말로 합시다.

3) 선배니까 존댓말을 쓰세요.

3. から를 사용하여 문장을 완성하시오.

> 動画 동영상　送る 보내다　終電 막차　乗る 타다　気にする 신경쓰다　気をつける 조심하다

1) 動画、送る、ます、から、見る、てください → 動画を送りますから見てください。

2) 終電、です、から、乗る、ってください →

3) もう、買う、った、から、買う、なくてもいいです →

4) 終わる、った、から、気にする、ないでください →

5) 危ない、です、から、気をつける、てください →

4. から、ので를 활용하여 문장을 만드시오.

1)
2)
3)
4)
5)

UNIT 50

～ながら
～하면서

ながら　　　ます 대신 → ながら

食(た)べる 먹다	→ 食べます	→ 食べながら 먹으면서	食べながら話(はな)さないでください。 먹으면서 얘기하지 마세요.
教(おし)える 가르치다	→ 教えます	→ 教えながら 가르치면서	教えながら習(なら)います。 가르치면서 배워요.
見(み)る 보다	→ 見ます	→ 見ながら 보면서	携帯(けいたい)を見ながら笑(わら)います。 핸드폰을 보면서 웃어요.

ながら　　　ます 대신 → ながら

話(はな)す 얘기하다	→ 話します	→ 話しながら 얘기하면서	話しながら歩(ある)きます。 얘기하면서 걸어요.
笑(わら)う 웃다	→ 笑います	→ 笑いながら 웃으면서	笑いながら働(はたら)きます。 웃으면서 일해요.
歩(ある)く 걷다	→ 歩きます	→ 歩きながら 걸으면서	歩きながら本(ほん)を読(よ)みます。 걸으면서 책을 읽어요.

しながら　　　する → しながら

運転(うんてん)する 운전하다	→ 運転します	→ 運転しながら 운전하면서	運転しながら電話(でんわ)します。 운전하면서 전화해요.
料理(りょうり)する 요리하다	→ 料理します	→ 料理しながら 요리하면서	料理しながら音楽(おんがく)を聞(き)きます。 요리하면서 음악을 들어요.
掃除(そうじ)する 청소하다	→ 掃除します	→ 掃除しながら 청소하면서	掃除しながら歌(うた)を歌(うた)います。 청소하면서 노래를 불러요.

1. ながらと ますを 活用하여 문장을 완성하시오.

1) 踊りを踊る、歌を歌う
   춤을 추다, 노래를 부르다

2) コーヒーを飲む、勉強する
   커피를 마시다, 공부하다

3) 携帯を見る、運動する
   핸드폰을 보다, 운동하다

4) タバコを吸う、話す
   담배를 피우다, 이야기하다

5) テレビを見る、ご飯を食べる
   티비를 보다, 밥을 먹다

2. ながらと ないでくださいを 活用하여 문장을 완성하시오.

1) 運転する、電話する
   운전하다, 전화하다

2) 音楽を聞く、勉強する
   음악을 듣다, 공부하다

3) 歩く、携帯を見る
   걷다, 핸드폰을 보다

4) 食べる、話す
   먹다, 얘기하다

5) 運転する、メールする
   운전하다, 문자하다

3. ながらを 活用하여 문장을 만드시오.

1)

2)

3)

4)

5)

UNIT 51 〜なければならない
~지 않으면 안 되다 (해야 되다)

る → ない　　　　　　　ない 대신 → なければならない

貯める 모으다	→	貯めない	お金を貯めなければならないです。 돈을 모아야 돼요.
答える 대답하다	→	答えない	今すぐ答えなければならないです。 지금 당장 대답해야 돼요.
助ける 돕다	→	助けない	動物を助けなければならないです。 동물을 도와줘야 돼요.

1단 → ない　　　　　　　ない 대신 → なければならない

働く 일하다	→	働かない	何時まで働かなければならないですか？ 몇 시까지 일해야 돼요?
待つ 기다리다	→	待たない	どのぐらい待たなければならないですか？ 어느정도 기다려야 돼요?
送る 보내다	→	送らない	いつまでに送らなければならないですか？ 언제까지 보내야 돼요?

예외　　　(来る → 来ない) (する → しない) (う → わない)

宿題する 숙제하다	→	宿題しない	宿題をしなければならないです。 숙제를 해야 돼요.
来る 오다	→	来ない	今すぐ来なければならないです。 지금 바로 와야 돼요.
買う 사다	→	買わない	今日服を買わなければならないです。 오늘 옷을 사야 돼요.
帰る 돌아가다	→	帰らない	11時までに家に帰らなければならないです。 11시까지 집에 돌아가야 돼요.

참고

なければならないです = なければなりません

1. 주어진 단어와 なければならない를 활용하여 질문, 대답을 완성하시오.

1) 出す　出さなければならないですか？
　　내다　　出さなければならないです。

2) 出る
　　나가다

3) 着く
　　도착하다

4) 返す
　　돌려주다

5) 入る
　　들어오다

6) 出発する
　　출발하다

2. 주어진 단어와 なければなりませんか를 활용하여 문장을 완성하시오.

1) (何時、帰る)　→
　　(몇 시, 돌아가다)　　몇 시에 돌아가야 돼요?

2) (単語、覚える)　→
　　(단어, 기억하다)　　단어를 기억해야 돼요?

3) (バッテリー、充電する)　→
　　(배터리, 충전하다)　　배터리를 충전해야 돼요?

4) (外国語、習う)　→
　　(외국어, 배우다)　　외국어를 배워야 돼요?

3. 주어진 단어와 なければならない를 활용하여 문장을 완성하시오.

> 帰る　　着く　　返す　　充電する　　出す

1) 彼女は10時までに家に帰らなければならないです。
2) 会社で朝早く会議がありますから9時までには
3) 借りたものは早く
4) バッテリーを
5) 今日までに宿題を

4. なければならない를 활용하여 해야 하는 일을 쓰시오.

1) 友達と図書館に行って宿題をしなければならないです。
2)
3)

UNIT 52 | ~なくてもいい
~지 않아도 되다

る → ない —— ない 대신 → なくてもいい

| 信_{しん}じる | → | 信じなくてもいい | 彼_{かれ}を信じなくてもいいです。 |
| 믿다 | | 믿지 않아도 되다 | 그를 믿지 않아도 돼요. |

答_{こた}える → 答えなくてもいい　今_{いま}すぐ答えなくてもいいです。
대답하다　　　대답하지 않아도 되다　지금 당장 대답하지 않아도 돼요.

起_おきる → 起きなくてもいい　早_{はや}く起きなくてもいいです。
일어나다　　　일어나지 않아도 되다　일찍 일어나지 않아도 돼요.

1단 → ない —— ない 대신 → なくてもいい

働_{はたら}く → 働かなくてもいい　週末_{しゅうまつ}には働かなくてもいいですか？
일하다　　　일하지 않아도 되다　주말에는 일하지 않아도 돼요?

待_まつ → 待たなくてもいい　夜遅_{よるおそ}くまで待たなくてもいいです。
기다리다　　기다리지 않아도 되다　밤늦게까지 기다리지 않아도 돼요.

送_{おく}る → 送らなくてもいい　今すぐ送らなくてもいいです。
보내다　　　보내지 않아도 되다　지금 당장 보내지 않아도 돼요.

예외 —— (来る → 来なくて) (する → しなくて) (う → わ)

成功_{せいこう}する → 成功しなくてもいい　成功しなくてもいいです。
성공하다　　　성공하지 않아도 되다　성공하지 않아도 돼요.

来_くる → 来_こなくてもいい　毎日_{まいにち}来なくてもいいです。
오다　　　오지 않아도 되다　매일 오지 않아도 돼요.

言_いう → 言わなくてもいい　今言わなくてもいいです。
말하다　　　말하지 않아도 되다　지금 말하지 않아도 돼요.

入_{はい}る → 入らなくてもいい　部屋_{へや}に入らなくてもいいです。
들어가다　　들어가지 않아도 되다　방에 들어가지 않아도 돼요.

1. 주어진 단어와 なくてもいい를 활용하여 질문, 답변을 완성하시오.

1) する 　しなくてもいいですか？
　하다
　いちど
　一度に　一度にしなくてもいいです。
　한꺼번에

2) 来る
　오다
　はや
　早く
　빨리

3) 会う
　만나다
　きょう
　今日
　오늘

4) 起きる
　일어나다
　じ
　7時
　7시

5) 送る
　보내다
　いま
　今
　지금

6) 運動する
　운동하다
　まいにち
　毎日
　매일

2. 주어진 단어와 なくてもいい를 활용하여 질문에 맞게 답변하시오.

| 送る　　働く　　する　　来る　　運動する　　会う　　起きる |

1) A: これ、私がしなければならないですか？　　B:

2) A: いつも朝5時に起きなきゃだめですか？　　B:

3) A: 週末にも働かなければならないですか？　　B:

4) A: 今日までに送らなければならないですか？ B:

5) A: 3時までに行かなければならないですか？　B:

3. 주어진 단어와 なくてもいい를 활용하여 문장을 만드시오.

| 行く 가다　走る 뛰다　来る 오다　急ぐ 서두르다 |

1)
2)
3)
4)

4. なくてもいい를 활용하여 문장을 만드시오.

1)
2)
3)

UNIT 53 | と、なら、たら、ば
~면

なら

| 大人
어른 | → | 大人なら
어른이라면 | 大人なら大人らしく行動してください。
어른이라면 어른답게 행동하세요. |

| 買い物する
쇼핑하다 | → | 買い物するなら
쇼핑할 것이라면 | 韓国で買い物するならトンデムンが一番です。
한국에서 쇼핑을 할 것이라면 동대문이 제일이에요. |

4단 → ば ——— 마지막 글자를 4단으로 변경 후 → ば

| 行く
가다 | → | 行けば
가면 | 行けばよかったのに。
가면 좋았을텐데.. |

| 見る
보다 | → | 見れば
보면 | 見れば見るほど似ていますね。
보면 볼수록 닮았네요. |

と

| なる
되다 | → | なると
되면 | 春になると桜が咲きます。
봄이 되면 벚꽃이 피어요. |

| 見すぎる
너무 보다 | → | 見すぎると
너무 보면 | テレビを見すぎると目が悪くなります。
티비를 너무 보면 눈이 나빠져요. |

たら ——— た형

| 100円
백 엔 | → | 100円だったら
백 엔이었다면 | これが100円だったら良かったのに。
이게 백 엔이었다면 좋았을텐데... |

| とる
맞다 | → | とったら
맞으면 | 試験で100点をとったらパソコンを買ってください。
시험에서 100점을 맞으면 컴퓨터를 사 주세요. |

| 終わる
끝나다 | → | 終わったら
끝나면 | 学校が終わったら家に帰ります。
학교가 끝나면 집에 돌아가요. |

かったら

| いない
없다 | → | いなかったら
없었다면 | 彼女がいなかったらできなかったはずです。
그녀가 없었다면 할 수 없었을 거예요. |

| よい
좋다, 괜찮다 | → | よかったら
괜찮다면 | よかったら家に来ませんか？
괜찮다면 우리 집에 오지 않을래요? |

1. 주어진 단어와 なら를 활용하시오.

1) 辞める
그만두다

2) 警察
경찰

3) やる
하다

2. 주어진 단어와 なら를 활용, 번역하시오.

1) (やる、なら、ちゃんと、やる、ってください) →
할 것이라면 제대로 하세요.

2) (辞める、なら、始める、ないでください) →
그만둘 것이라면 시작하지 마세요.

3. 주어진 단어와 ば를 활용하시오.

1) 読む
읽다

2) 見る
보다

3) やる
하다

4. 주어진 단어와 ば를 활용, 번역하시오.

1) (読む、ば、読む、ほど、眠い、くなる) →
읽으면 읽을수록 졸려져요.

2) (やる、ば、やる、ほど、難しい、くなる) →
하면 할수록 어려워져요.

5. 주어진 단어와 と를 활용하시오.

1) 食べる
먹다

2) ある
있다

3) ない
없다

6. 주어진 단어와 と를 활용, 번역하시오.

1) (たくさん、食べる、と、太る) →
많이 먹으면 살쪄요.

2) (見る、ない、と、分かる、ません) →
보지 않으면 몰라요.

7. 주어진 단어와 たら를 활용하시오.

1) 合格する
합격하다

2) ある
있다

3) 着く
도착하다

8. 주어진 단어와 たら를 활용, 번역하시오.

1) (空港、着く、たら、電話する、してください) →
공항에 도착하면 전화해주세요.

2) (時間、ある、コーヒー、でも、飲む、ませんか) →
시간이 있으면 커피라도 마시지 않을래요?

UNIT 54 | ~ようとする
~려고 하다

1단	あ	か	さ	た	な	は	ま	や	ら	わん
2단	い	き	し	ち	に	ひ	み		り	
3단	う	く	す	つ	ぬ	ふ	む	ゆ	る	
4단	え	け	せ	て	ね	へ	め		れ	
5단	**お**	**こ**	**そ**	**と**	**の**	**ほ**	**も**	**よ**	**ろ**	**を**

ようとする
る앞에 2단, 4단이 오면 る대신에 → **ようとする**

続ける → 続け**ようと**
계속하다   계속하려고
続けようとしたんですけどもう無理ですね。
계속하려고 했는데 이제 무리네요.

忘れる → 忘れ**ようと**
잊다   잊으려고
元彼を忘れようとしました。
전 남자친구를 잊으려고 했어요.

諦める → 諦め**ようと**
포기하다   포기하려고
実は諦めようとしました。
사실은 포기하려고 했어요.

5단 → うとする
마지막 글자를 5단으로 바꾼 후 → **うとする**

行く → 行**こうと**
가다   가려고
A: どうして来なかったんですか？   B: 行こうとしました！
어째서 안 왔어요?   가려고 했어요!

やる → や**ろうと**
하다   하려고
A: 宿題は？   B: やろうとしたんです！
숙제는?   하려고 했어요!

言う → 言**おうと**
말하다   말하려고
A: 言おうとしたんですけど。   B: 嘘つかないでください。
말하려고 했는데..   거짓말하지 마세요.

예외
する → **しようとする**、来る → **来ようとする**

無視する → 無視**しようと**
무시하다   무시하려고
A: 無視しようとしました。   B: どうしてですか？
무시하려고 했어요.   어째서요?

旅行する → 旅行**しようと**
여행하다   여행하려고
A: 一人で旅行しようと思っています。 B: すごいですね。
혼자서 여행하려고 생각하고 있어요.   대단하네요.

1. 주어진 단어와 ようとする、ました를 활용하여 문장을 완성하시오.

1) 運動する <u>運動しようとしました。</u> 2) 貯める _____ 3) 許す _____
   운동하다   모으다   용서하다

4) 化粧する _____ 5) 始める _____ 6) やる _____
   화장하다   시작하다   하다

7) 相談する _____ 8) 電話する _____ 9) 辞める _____
   상담하다   전화하다   그만두다

2. 다음 문장과 알맞는 단어를 골라 ようとする를 활용하여 문장을 완성하시오.

> 運動する　化粧する　貯める　やる　旅行する　怖い　辞める

1) 久しぶりに外で _____ したけど急に雨が降ってできなかったです。

2) _____ しましたけど遅くなってすっぴんで出ました。

3) お金を _____ がもう全部使いました。

3. 다음을 번역하시오.

> (頼む、電話する) (勉強する、買う) (写真を撮る、持ってくる) (やる、できない) (旅行する、諦める)

1) 부탁하려고 전화했어요.　_____

2) 공부하려고 책을 샀어요.　_____

3) 사진을 찍으려고 카메라를 가지고 왔어요.　_____

4) 하려고 했는데 시간이 없어서 못 했어요.　_____

5) 혼자서 여행하려고 했는데 무서워서 포기했어요.　_____

4. 질문에 답하시오.

1) 今日、何をしようと思っていますか？　_____

2) どこでしようと思っていますか？　_____

3) 誰としようと思っていますか？　_____

4) いつしようと思っていますか？　_____

5) いつ、どこで、誰と何をしようと思っていますか？　_____

UNIT 55 | ~そうだ (1)
~할 것 같다

い → そうだ / い 대신 → そうだ

おいしい → おいしそうだ
맛있다 / 맛있을 것 같다

これおいしそうですね!
이거 맛있을 것 같네요!

おもしろい → おもしろそうだ
재미있다 / 재미있을 것 같다

あれおもしろそうですね!
저거 재미있을 것 같네요!

だ → そうだ / だ 대신 → そうだ

元気だ → 元気そうだ
건강하다 / 건강한 것 같다

お久しぶりです。元気そうですね。
오랜만이에요. 건강한 것 같네요.

親切だ → 親切そうだ
친절하다 / 친절할 것 같다

あの店員さんは親切そうですね。
저 점원은 친절할 것 같네요.

ます → そうだ / ます 대신 → そうだ

雨が降る → 雨が降ります → 雨が降りそうだ
비가 내리다 / 비가 내릴 것 같다

雨が降りそうですね。
비가 내릴 것 같네요.

雨がやむ → 雨がやみます → 雨がやみそうだ
비가 그치다 / 비가 그칠 것 같다

雨がやみそうですね。
비가 그칠 것 같네요.

예외

ない → なさそうだ
없다 / 없을 것 같다

彼は私に興味がなさそうです。
그는 저에게 관심이 없을 것 같아요.

よい → よさそうだ
좋다 / 좋을 것 같다

彼女は性格がよさそうです。
그녀는 성격이 좋을 것 같아요.

1. 주어진 단어와 そうだ、です를 활용하여 빈칸을 채우시오.

1) 重い _____ 2) 難しい _____ 3) 忙しい _____
   무겁다   어렵다   바쁘다

4) 新鮮だ _____ 5) 元気だ _____ 6) 暇だ _____
   신선하다   건강하다   한가하다

7) 雪が降る _____ 8) 台風が来る _____ 9) 風が吹く _____
   비가 내리다   태풍이 오다   바람이 불다

2. 다음 문장의 알맞은 단어와 そうだ + ですね를 활용하여 문장을 완성하시오.

> おいしい　忙しい　台風が来る　雨が降る　重い

1) あの食べ物は何ですか？ _____
2) 風が強いですね。 _____
3) 空が暗いです。 _____
4) 彼は仕事で _____
5) 荷物が _____

3. 다음을 번역하시오.

1) 비가 내릴 것 같아요. _____

2) 어려울 것 같아요. _____

3) 맛있을 것 같아요. _____

4) 좋을 것 같아요. _____

5) 재미있을 것 같아요. _____

4. 주어진 단어와 そうだ, です를 활용하여 질문에 답하시오.

1) あの男の人はどうですか？ _____

2) この車はどうですか？ _____

3) この問題はどうですか？ _____

4) いつ着きますか？　　もうすぐ _____

弱い
약하다
高い
비싸다
難しい
어렵다
着く
도착하다

UNIT 56　～そうだ (2)
～다고 하다

だそうだ

犯人(はんにん) 범인	→ 犯人だそうだ 범인이라고 하다	あの男の人が犯人だそうです。 저 남자가 범인이래요.
社長(しゃちょう) 사장	→ 社長だそうだ 사장이라고 하다	あの女の人が社長だそうです。 저 여자가 사장님이래요.

そうだ

つまらない 재미없다	→ つまらないそうだ 재미없다고 하다	あの映画(えいが)はつまらないそうです。 저 영화는 재미없대요.
痛(いた)い 아프다	→ 痛いそうだ 아프다고 하다	頭(あたま)が痛いそうです。 머리가 아프대요.

そうだ

賑(にぎ)やかだ 붐비다	→ 賑やかだそうだ 붐빈다고 하다	新宿(しんじゅく)は賑やかだそうです。 신주쿠는 붐빈대요.
有名(ゆうめい)だ 유명하다	→ 有名だそうだ 유명하다고 하다	彼は有名だそうです。 그는 유명하대요.

そうだ

来(く)る 오다	→ 来るそうだ 온다고 하다	明日10時(じ)までに来るそうです。 내일 10시까지 온대요.
着(つ)く 도착하다	→ 着くそうだ 도착한다고 하다	20分過(す)ぎに着くそうです。 20분 지나서 도착한대요.

1. 주어진 단어와 そうだ, です를 활용하여 빈칸을 채우시오.

1) お金持ち _____ 　2) 一人ぼっち _____ 　3) ダメ人間 _____
　　부자 　　　　　　　　　　 외톨이 　　　　　　　　　　　 잉여인간

4) ちっちゃい _____ 　5) でかい _____ 　6) 珍しい _____
　　작다 (속어) 　　　　　　　 크다 (속어) 　　　　　　　　　 드물다

7) 好きだ _____ 　8) 嫌いだ _____ 　9) 嫌だ _____
　　좋아하다 　　　　　　　　　 싫어하다 　　　　　　　　　　 싫다

10) 要る _____ 　11) いる _____ 　12) 間に合う _____
　　필요하다 　　　　　　　　　 있다(사람, 동물) 　　　　　　 시간에 맞다

2. そうだ를 활용하여 A에게 들은 정보를 C에게 전달하시오.

> A: 私は先生です。　B: Aさんは先生だそうです。→ C: そうですか？すごいですね。

1) A: 私は19歳です。
   B: Aさんは **19歳だそうです。** → C: えー、若いですね！

2) A: のぶさんはお金持ちです。
   B: のぶさんは _____ → C: うらやましいですね！

3) A: Dさんは手作りが好きです。
   B: Dさんは _____ → C: えー、意外ですね！

4) A: Eさんはお茶に興味があります。
   B: Eさんは _____ → C: いい趣味ですね！

5) A: Fさんは電子製品が好きです。
   B: Fさんは _____ → C: 珍しいですね！

6) A: Gさんは英語が上手です。
   B: Gさんは _____ → C: すごいですね！

7) A: 日本に行くなら岡山が最高です。
   B: 岡山が _____ → C: 行きたいですね！

8) A: H先輩は去年結婚しました。
   B: H先輩は _____ → C: いいですね！

9) A: 私は車が欲しいです。
   B: Aさんは _____ → C: 本当ですか？

3. そうだ를 활용하여 본인이 누군가에게 들은 것을 쓰시오.

1) _____
2) _____

UNIT 57　～とき
～때

の時

二十歳(はたち) 스무 살	→ 二十歳の時(とき) 스무 살 때	二十歳の時は何(なに)も知(し)らなかったです。 스무 살 때는 아무것도 몰랐어요.
大学生(だいがくせい) 대학생	→ 大学生の時 대학생 때	大学生の時は勉強(べんきょう)しなかったです。 대학생 때는 공부를 안 했어요.

な時　　　　　　　　だ 대신 → な時

必要(ひつよう)だ 필요하다	→ 必要な時 필요할 때	必要な時に連絡(れんらく)してください。 필요할 때에 연락해 주세요.
暇(ひま)だ 한가하다	→ 暇な時 한가할 때	暇な時に電話(でんわ)してください。 한가할 때에 전화해 주세요.

時

寂(さび)しい 외롭다	→ 寂しい時 외로울 때	寂しい時に音楽(おんがく)を聞(き)きます。 외로울 때에 음악을 들어요.
若(わか)い 젊다	→ 若い時 젊을 때	若い時はいろいろな国に住みました。 젊을 때는 여러 나라에서 살았어요.

時

出発(しゅっぱつ)する 출발하다	→ 出発する時 출발할 때	出発する時に知(し)らせてください。 출발할 때에 알려주세요.
到着(とうちゃく)する 도착하다	→ 到着する時 도착할 때	到着する時にメールしてください。 도착할 때에 문자해 주세요.

1. 주어진 단어와 時를 활용하여 빈칸을 채우시오.

1) 高校生 _____
   고등학생

2) 大学生 _____
   대학생

3) 忙しい _____
   바쁘다

4) 憂鬱だ _____
   우울하다

5) つなげる _____
   연결하다

6) 辛い _____
   괴롭다

7) 若い _____
   젊다

8) 大変だ _____
   힘들다

9) 寂しい _____
   외롭다

2. 다음 문장의 알맞는 단어와 時를 활용하여 문장을 완성하시오.

1) （二十歳、時、彼女、会う、ました）　　　二十歳の時彼女に会いました。

2) （高校生、時、同じ、学校、でした）

3) （暇だ、時に、教える、てください）

4) （憂鬱だ、時には、ゲームする、ます）

5) （一人でいる、時は、寂しい、です）

3. 다음을 번역하시오.

1) 학생 때 좋아했어요.

2) 출발할 때에 전화해 주세요.

3) 도착했을 때에는 아무도 없었어요.

4) 그때는 즐거웠어요.

5) 공부할 때에는 집중해야 돼요.

4. 時를 활용하여 문장을 만드시오.

1)
2)
3)
4)
5)

UNIT 58

すぎる
너무 ~하다

すぎる — ます 대신 → すぎる

食べる 먹다	→	食べすぎる 너무 먹다	食べすぎて気持ちが悪いです。 너무 먹어서 기분이 나빠요.
寝る 자다	→	寝すぎる 너무 자다	寝すぎて頭が痛いです。 너무 자서 머리가 아파요.

すぎる — い 대신 → すぎる

難しい 어렵다	→	難しすぎる 너무 어렵다	問題が難しすぎて解けなかったです。 문제가 너무 어려워서 못 풀었어요.
甘い 달다	→	甘すぎる 너무 달다	ケーキは甘すぎるので食べません。 케이크는 너무 달기 때문에 안 먹어요.

すぎる — だ 대신 → すぎる

複雑だ 복잡하다	→	複雑すぎる 너무 복잡하다	システムが複雑すぎて使えません。 시스템이 너무 복잡해서 못 써요.
面倒だ 귀찮다	→	面倒すぎる 너무 귀찮다	面倒すぎてまだ始めていません。 너무 귀찮아서 아직 시작 안 했어요.

しすぎる — する → しすぎる

感動する 감동하다	→	感動しすぎる 너무 감동하다	感動しすぎて泣きました。 너무 감동해서 울었어요.
運動する 운동하다	→	運動しすぎる 운동을 너무 하다	昨日運動しすぎて腕が痛いです。 어제 운동을 너무 해서 팔이 아파요.

1. 주어진 단어와 すぎる를 활용하여 빈칸을 채우시오.

1) 大変だ 힘들다 　　**大変すぎる**　　　　　2) 簡単だ 간단하다 _____
3) 忙しい 바쁘다 _____　　　　　　　　4) 遅い 늦다 _____
5) 信じる 믿다 _____　　　　　　　　　6) 重い 무겁다 _____
7) 動く 움직이다 _____　　　　　　　　8) 働く 일하다 _____

2. 주어진 단어와 すぎる를 활용하여 다음의 문장을 완성하시오.

1) (テレビ、見る、目、痛い)

　　　テレビを見すぎて目が痛いです。

　→　티비를 너무 봐서 눈이 아파요.

2) (ビール、飲む、酔っ払う)

　_____

　→　맥주를 너무 마셔서 취했어요.

3) (重い、びっくりする)

　_____

　→　너무 무거워서 놀랐어요.

4) (働く、倒れる)

　_____

　→　지나치게 일을 해서 쓰러져 버렸어요.

5) (簡単だ、すぐ、終わる)

　_____

　→　너무 간단해서 바로 끝났어요.

3. 주어진 질문에 すぎる를 활용하여 대답하시오.

1) どうして泣いているんですか？
　→

2) どうして疲れていますか？
　→

3) なぜお腹が痛いんですか？
　→

4) どうしてこんな時間まで起きているんですか？
　→

UNIT 59 | (え)る・られる
할 수 있다

1단	あ か さ た な は ま や ら わ ん	
2단	い き し ち に ひ み り	
3단	う く す つ ぬ ふ む ゆ る	
4단	**え け せ て ね へ め れ**	
5단	お こ そ と の ほ も よ ろ を	

る → られる — る앞에 2, 4단이 오면 → られる

食(た)べる → 食べられる 먹다 먹을 수 있다	キムチは食べられますか？ 김치는 먹을 수 있어요?	はい。食べられます。 네. 먹을 수 있어요.	
覚(おぼ)える → 覚えられる 기억하다 기억할 수 있다	覚えられますか？ 기억할 수 있어요?	全然(ぜんぜん)覚えられないです。 전혀 기억할 수 없어요.	
答(こた)える → 答えられる 대답하다 대답할 수 있다	英語(えいご)で答えられますか？ 영어로 대답할 수 있어요?	答えられません。 대답 못 해요.	

4단 — 2단, 4단으로 끝나지 않는 단어는 마지막 글자를 4단으로

会(あ)う → 会える 만나다 만날 수 있다	いつ会えますか？ 언제 만날 수 있어요?	いつでも会えます。 언제든지 만날 수 있어요.
話(はな)す → 話せる 얘기하다 얘기할 수 있다	中国語(ちゅうごくご)で話せますか？ 중국어로 얘기할 수 있어요?	話せません。 얘기 못 해요.
作(つく)る → 作れる 만들다 만들 수 있다	サンドイッチを作れますか？ 샌드위치를 만들 수 있어요?	もちろん作れます。 물론 만들 수 있어요.

예외

来(く)る → 来(こ)られる 오다 올 수 있다	いつ韓国(かんこく)に来られますか？ 언제 한국에 올 수 있어요?	残念(ざんねん)ですが行(い)けません。 유감입니다만, 못 가요.
する → できる 하다 할 수 있다	できますか？ 할 수 있어요?	もちろんです。 물론이죠.

1. 주어진 단어와 (え)る、られる를 활용하여 질문, 대답하시오.

1) する　　できますか？　　2) 読む　　　　　　　　3) 覚える
　　하다　　できます。　　　　　읽다　　　　　　　　　　기억하다

4) 泳ぐ　　　　　　　　　5) 話す　　　　　　　　6) 料理する
　　수영하다　　　　　　　　　이야기하다　　　　　　　　요리하다

2. 주어진 단어와 (え)る、られる를 활용하여 질문, (え)ません、られません을 활용하여 대답하시오.

1) 泊まる　泊まれますか？　2) 答える　　　　　　　3) 運転する
　　머무르다　泊まれません。　　　대답하다　　　　　　　　운전하다

4) 作る　　　　　　　　　5) ピアノを弾く　　　　6) 信じる
　　만들다　　　　　　　　　　피아노를 치다　　　　　　　믿다

3. 질문에 대답하시오.

1) あなたは英語で話せますか？

2) あなたはピアノを弾けますか？

3) あなたはサンドイッチを作れますか？

4) あなたは運転できますか？

5) あなたは漢字を読めますか？

4. (え)る、られる를 활용하여 문장을 만드시오.

1)
2)
3)
4)
5)

UNIT 60 | れる・られる
당하다/받다

る → られる
る앞에 2, 4단이 오면 → られる

いじめる 괴롭히다	→	いじめられる 괴롭힘당하다

誰にいじめられたんですか？
누구한테 괴롭힘당했어요?

褒める 칭찬하다	→	褒められる 칭찬받다

先生に褒められて嬉しかったです。
선생님한테 칭찬받아서 기뻤어요.

裏切る 배신하다	→	裏切られる 배신당하다

同僚に裏切られて誰も信じられません。
동료한테 배신당해서 아무도 믿을 수 없어요.

ない → れる
ない 대신 → れる

殺す 죽이다	→	殺される 죽임당하다

犯人は警察に殺されました。
범인은 경찰에게 죽임당했습니다.

振る 차다	→	振られる 차이다

彼女に振られました。
여자친구에게 차였어요.

頼む 부탁하다	→	頼まれる 부탁받다

友達に頼まれて持って来ました。
친구에게 부탁받아서 가지고 왔어요.

예외
する → される

愛する 사랑하다	→	愛される 사랑받다

キムさんは愛されているみたいですね。
김 씨는 사랑받고 있는 것 같네요.

無視する 무시하다	→	無視される 무시당하다

部長に無視されて気分が悪いです。
부장님에게 무시당해서 기분이 나빠요.

誤解する 오해하다	→	誤解される 오해받다

課長に誤解されて困りました。
과장님에게 오해받아서 곤란했어요.

1. 주어진 단어와 れる、られる를 활용하여 질문, 대답하시오.

1) 捨てる　　<u>捨てられる</u>
   버리다　→　버림받다

2) 褒める
   칭찬하다　→　칭찬받다

3) いじめる
   괴롭히다　→　괴롭힘당하다

4) 刺す
   찌르다, 쏘다　→　찔리다, 쏘이다

5) やる
   하다　→　당하다

6) 叱る
   야단치다　→　야단맞다

7) 告白する
   고백하다　→　고백받다

8) 裏切る
   배신하다　→　배신당하다

9) 無視する
   무시하다　→　무시당하다

10) 騙す
   속이다　→　속다

2. 주어진 단어와 れる、られる를 활용하여 보기의 문장을 완성하시오.

1) (恋人、に、捨てる、て、悲しい)

   恋人に捨てられて悲しいです。

   → 애인한테 버림받아서 슬퍼요.

2) (好きな人、に、無視する、て、悔しい)

   → 좋아하는 사람에게 무시당해서 분해요.

3) (両親、に、褒める、嬉しい)

   → 부모님께 칭찬받아서 기뻐요.

4) (蚊、に、刺す、痒い)

   → 모기에 쏘여서 가려워요.

5) (告白する、嬉しい、かった、けど、断る、ました)

   → 고백받아서 기뻤지만 거절했어요.

3. 주어진 질문에 れる・られる를 활용하여 대답하시오.

1) どうして笑っているんですか？　→

2) どうして泣いているんですか？　→

3) どうして悔しいんですか？　→

4) どうして悲しいんですか？　→

UNIT 61 | せる・させる
시키다/하게 하다

る → させる
る앞에 2단, 4단이 오면 る를 떼고 させる

やめる 그만두다	→	やめさせる 그만두게 하다	彼氏にタバコをやめさせてください。 남자친구가 담배를 끊게 해 주세요.
続ける 계속하다	→	続けさせる 계속하게 하다	私にあの仕事を続けさせてください。 제가 그 일을 계속하게 해 주세요.

ない → せる
ない 대신 せる

| 降る
내리다 | → | 降らせる
내리게 하다 | 神様、雨を降らせてください。
신님, 비가 내리게 해 주세요. |
| やむ
그치다 | → | やませる
그치게 하다 | 神様、雨をやませてください。
신님, 비가 그치게 해 주세요. |

예외
する → させる、来る → 来させる

心配する 걱정하다	→	心配させる 걱정시키다	心配させないでください。 걱정시키지 말아 주세요.
散歩する 산책하다	→	散歩させる 산책시키다	犬を散歩させて来ますね。 개를 산책시키고 올게요.
来る 오다	→	来させる 오게 하다	わざわざここまで来させてすみません。 일부러 여기까지 오게 해서 죄송합니다.

1. 주어진 단어와 せる・させる를 활용하시오.

1) 働く　　　　働かせる
   일하다 → 일을 시키다

2) 心配する
   걱정하다 → 걱정시키다

3) 怒る
   화나다 → 화나게 하다

4) 待つ
   기다리다 → 기다리게 하다

5) 聞く
   듣다 → 듣게 하다 (들려주다)

6) 死ぬ
   죽다 → 죽게 하다

7) 困る
   곤란하다 → 곤란하게 하다

8) 寝る
   자다 → 자게 하다

9) やる
   하다 → 하게 하다

10) 焼く
   굽다 → 굽게 하다

2. 주어진 단어와 せる・させる를 활용하여 보기의 문장을 완성하시오.

1) (心配する、て、すみません) →
   걱정시켜서 죄송해요.

2) (もう少し、寝る、てください) →
   조금 더 자게 해 주세요.

3) (あなたを、絶対に、死ぬ、ません) →
   당신을 절대로 죽게하지 않을 거예요.

4) (ここで、働く、てください) →
   여기에서 일하게 해 주세요.

5) (私に、見る、てくださいませんか) →
   저에게 보여주지 않으시겠어요?

6) (困る、て、すみません) →
   곤란하게 해서 죄송해요.

7) (私に、焼肉、焼く、てください) →
   제가 야키니쿠를 굽게 해 주세요.

8) (私に、やる、ください) →
   제가 하게 해 주세요.

3. せる、させる를 활용하여 문장을 만드시오.

1)
2)
3)

UNIT 62　～やすい
～기 쉽다

る → やすい　　　　ます 대신 → やすい

食べる → 食べます → 食べやすい　　小さくて食べやすいです。
먹다　　　　　　　　　먹기 쉽다　　　　작아서 먹기 쉬워요.

覚える → 覚えます → 覚えやすい　　電話番号が短くて覚えやすいです。
기억하다　　　　　　　 기억하기 쉽다　 전화번호가 짧아서 기억하기 쉬워요.

2단 → やすい　　　ます 대신 → やすい

分かる → 分かります → 分かりやすい　この本は分かりやすくていいです。
이해하다　　　　　　　　이해하기 쉽다　이 책은 이해하기 쉬워서 좋아요.

使う → 使います → 使いやすい　　簡単で使いやすいです。
사용하다　　　　　　　 사용하기 쉽다　간단해서 사용하기 쉬워요.

예외　　　　　　　　ます 대신 → やすい

入学する → 入学します → 入学しやすい　海外の大学は入学しやすいです。
입학하다　　　　　　　　　입학하기 쉽다　해외의 대학은 입학하기 쉬워요.

卒業する → 卒業します → 卒業しやすい　韓国の大学は卒業しやすいです。
졸업하다　　　　　　　　　졸업하기 쉽다　한국의 대학은 졸업하기 쉬워요.

1. 주어진 단어와 やすい와 です를 활용하여 빈칸을 채우시오.

1) 覚える
   기억하다, 외우다 — 覚えやすいです。

2) 直す
   고치다 —

3) 作る
   만들다 —

4) 間違える
   틀리다 —

5) 信じる
   믿다 —

6) 習う
   배우다 —

7) 入る
   들어가다 —

8) 登る
   오르다 —

2. 주어진 단어와 やすい를 활용하여 번역하시오.

1) (この、本、分かる) →
   이 책은 이해하기 쉬워요.

2) (習う、おもしろい) →
   일본어는 배우기 쉽고 재미있어요.

3) (電子製品、使う、高い) →
   전자제품은 사용하기 쉽지만 비싸요.

4) (ラーメン、作る、よく、食べる) →
   라면은 만들기 쉽기 때문에 자주 먹어요.

5) (間違える、気をつける) →
   틀리기 쉬우니까 조심하세요.

3. やすい를 활용하여 문장을 만드시오.

1)

2)

3)

4)

UNIT 63

~にくい
~기 어렵다

る → にくい ········· ます 대신 にくい ·········

食べる 먹다	→ 食べます	→ 食べにくい 먹기 어렵다	大きくて食べにくいです。 커서 먹기 어려워요.
覚える 기억하다	→ 覚えます	→ 覚えにくい 기억하기 어렵다	電話番号が長くて覚えにくいです。 전화번호가 길어서 기억하기 어려워요.

2단 → にくい ········· ます 대신 にくい ·········

分かる 이해하다	→ 分かります	→ 分かりにくい 이해하기 어렵다	この本は分かりにくくてよくないです。 이 책은 이해하기 어려워서 좋지 않아요.
使う 사용하다	→ 使います	→ 使いにくい 사용하기 어렵다	複雑で使いにくいです。 복잡해서 사용하기 어려워요.

예외 ········· ます 대신 にくい ·········

入学する 입학하다	→ 入学します	→ 入学しにくい 입학하기 어렵다	韓国の大学は入学しにくいです。 한국의 대학은 입학하기 어려워요.
卒業する 졸업하다	→ 卒業します	→ 卒業しにくい 졸업하기 어렵다	海外の大学は卒業しにくいです。 해외의 대학은 졸업하기 어려워요.

1. 주어진 단어와 にくい를 활용하여 문장을 완성하시오.

1) 覚える　　　　覚えにくいです。
   기억하다, 외우다
2) 分かる
   알다
3) 読む
   읽다
4) 育てる
   기르다, 키우다
5) 使う
   사용하다
6) 探す
   찾다
7) 作る
   만들다
8) 理解する
   이해하다

2. 주어진 단어와 にくい를 활용하여 번역하시오.

1) (数字、覚える)　→
   숫자는 기억하기 어려워요.

2) (使う、不便だ)　→
   사용하기 어렵고 불편해요.

3) (とんかつ、作る、おいしい)　→
   돈까스는 만들기 어렵지만 맛있어요.

4) (授業、分かる、人気がない)　→
   그 수업은 이해하기 어려워서 인기가 없어요.

5) (タバコ、やめる、吸う)　→
   담배는 끊기 어려우니까 피우지 마세요.

3. にくい를 활용하여 문장을 만드시오.

1)

2)

3)

4)

UNIT 64 ~ことができる
~는 것이 가능하다 (할 수 있다)

ことができる

借りる	→ 借りることができる	図書館では本を無料で借りることができます。
빌리다	빌리는 것이 가능하다	도서관에서는 책을 무료로 빌리는 것이 가능합니다.

読む	→ 読むことができる	漢字を読むことができます。
읽다	읽는 것이 가능하다	한자를 읽는 것이 가능합니다.

ことができる

ピアノを弾く	→ ピアノを弾くことができる	彼女はピアノを弾くことができます。
피아노를 치다	피아노를 치는 것이 가능하다	그녀는 피아노를 치는 것이 가능합니다.

ギターを弾く	→ ギターを弾くことができる	彼はギターを弾くことができます。
기타를 치다	기타를 치는 것이 가능하다	그는 기타를 치는 것이 가능합니다.

ことができる

交換する	→ 交換することができる	一週間以内なら交換することができます。
교환하다	교환하는 것이 가능하다	일주일 이내라면 교환하는 것이 가능합니다.

投票する	→ 投票することができる	二十歳になると投票することができます。
투표하다	투표하는 것이 가능하다	스무 살이 되면 투표하는 것이 가능합니다.

できない

話す	→ 話すことができない	英語で話すことができないです。
얘기하다	얘기하는 것이 불가능하다	영어로 얘기하는 것이 불가능합니다.

予約する	→ 予約することができない	中国語で予約することができないです。
예약하다	예약하는 것이 불가능하다	중국어로 예약하는 것이 불가능합니다.

1. 주어진 단어와 ことができる、ます를 활용하여 빈칸을 채우시오.

1) 読む　　　　　読むことができます。　　2) 話す
　　읽다　　　　　　　　　　　　　　　　　　　얘기하다

3) 料理する　　　　　　　　　　　　　　4) 書く
　　요리하다　　　　　　　　　　　　　　　　　쓰다

5) 運転する　　　　　　　　　　　　　　6) 使う
　　운전하다　　　　　　　　　　　　　　　　　사용하다

7) 借りる　　　　　　　　　　　　　　　8) 作る
　　빌리다　　　　　　　　　　　　　　　　　　만들다

2. 주어진 단어와 ことができる、ます를 활용하여 문장을 완성하시오.

1) (韓国料理、作る)
　　한국 음식, 만들다

2) (漢字、読む)
　　한자, 읽다

3) (日本語、話す)
　　일본어, 얘기하다

4) (車、運転する)
　　차, 운전하다

5) (ファイル、ダウンロードする)
　　파일, 다운로드하다

3. 주어진 질문에 ことができる、ます를 활용하여 대답하시오.

1) あなたは ギターを 弾くことが できますか？

　　→

2) あなたは スキを することが できますか？

　　→

4. あなたは 何を することが できますか？

1)

2)

UNIT 65　～ことにする
～기로 하다

ことにする

行<ruby>い</ruby>く 가다	→ 行くことにする 　가기로 하다	来年<ruby>らいねん</ruby>、ヨーロッパに行くことにしました。 내년에 유럽에 가기로 했어요.
住<ruby>す</ruby>む 살다	→ 住むことにする 　살기로 하다	ここに住むことにしました。 여기에서 살기로 했습니다.

ことにする

習<ruby>なら</ruby>う 배우다	→ 習うことにする 　배우기로 하다	技術<ruby>ぎじゅつ</ruby>を習うことにしました。 기술을 배우기로 했어요.
建<ruby>た</ruby>てる 짓다	→ 建てることにする 　짓기로 하다	家を建てることにしました。 집을 짓기로 했어요.

ことにする

我慢<ruby>がまん</ruby>する 참다	→ 我慢することにする 　참기로 하다	一年だけ我慢することにしました。 일 년만 참기로 했어요.
帰<ruby>かえ</ruby>る 돌아가다(오다)	→ 帰ることにする 　돌아오기로 하다	二年後<ruby>ご</ruby>に帰ることにしました。 이 년후에 돌아오기로 했어요.

ない

吸<ruby>す</ruby>う 피우다	→ 吸わないことにする 　피우지 않기로 하다	これからはタバコを吸わないことにしました。 앞으로는 담배를 피우지 않기로 했습니다.
飲<ruby>の</ruby>む 마시다	→ 飲まないことにする 　마시지 않기로 하다	明日からお酒を飲まないことにしました。 내일부터 술을 마시지 않기로 했습니다.

1. 주어진 단어와 ことにする、ました를 활용하여 빈칸을 채우시오.

1) 始める (시작하다) — 始めることにしました。
2) 住む (살다)
3) 辞める (그만두다)
4) 習う (배우다)
5) 旅行する (여행하다)
6) 挑戦する (도전하다)
7) 留学する (유학하다)
8) 作る (만들다)

2. 주어진 단어와 ことにする、ました를 활용하여 문장을 만드시오.

1) (日本、留学する) 일본, 유학하다

2) (日本語、習う) 일본어, 배우다

3) (会社、辞める) 회사, 그만두다

4) (中国、住む) 중국, 살다

5) (ドイツ、行く) 독일, 가다

3. 주어진 질문에 ないことにする、ました를 활용하여 대답하시오.

1) やめることにしましたか？
   →

2) 大学に通うことにしましたか？
   →

3) アメリカに行くことにしましたか？
   →

4) 家に帰ることにしましたか？
   →

UNIT 66 | よく使う文法 1
자주 쓰는 문법 1

ように
のように: 같이, 처럼

鳥(とり) → 鳥のように 鳥のように自由(じゆう)に飛(と)びたいです。
새   새처럼   새처럼 자유롭게 날고 싶어요.

ようだ
のような: 같은

先生(せんせい) → 先生のような 先生のような大人(おとな)になりたいです。
선생님   선생님 같은   선생님같은 어른이 되고 싶어요.

と思う
と思う: 라고 생각하다

小(ちい)さい → 小さいと思う 小さいと思います。
작다   작다고 생각하다 작다고 생각해요. (작은 것 같아요.)

みたい
みたい: 같아 보이다

女優(じょゆう) → 女優さんみたい 彼女は女優さんみたいです。
여배우   여배우 같아 보이다 그녀는 여배우 같아 보여요.

らしい
らしい: 답다, 한다는 것 같다

兄貴(あにき) → 兄貴らしい   さすが兄貴らしいですね。
형님   형님답다   과연 형님답네요.

来(く)る → 来るらしい   今年は梅雨(つゆ)が早(はや)く来るらしいです。
오다   온다는 것 같다 올해는 장마가 일찍 온다는 것 같아요.

1. のようにを活用하여 문장을 만드시오.

   1) (運命、会う) **運命のように会いました。**
      운명, 만나다 → 운명처럼 만났어요.

   2) (星、輝く)
      별, 빛나다 → 별처럼 빛나고 있어요.

   3) (昔、仲良くする)
      옛날, 사이좋게 지내다
      → 옛날처럼 사이좋게 지내고 싶어요.

   4) (子供、喜ぶ)
      아이, 기뻐하다 → 아이처럼 기뻐하고 있어요.

2. ような를 활용하여 문장을 만드시오.

   1) (夢、1日)
      꿈, 하루 → 꿈같은 하루였어요.

   2) (絵、景色)
      그림, 풍경 → 그림같은 풍경이네요.

   3) (映画、人生)
      영화, 인생 → 영화같은 인생이네요.

   4) (嘘、話)
      거짓말, 이야기 → 거짓말같은 이야기네요.

3. と思う를 활용하여 질문에 대답하시오.

   1) 彼はおかしいと思いますか？

   2) 外国語は難しいと思いますか？

   3) 彼女は可愛いと思いますか？

4. みたい를 활용하여 문장을 만드시오.

   1) 歌手
      가수

   2) 芸能人
      연예인

   3) バカ
      바보

   4) 俳優
      배우

5. らしい를 활용하여 다음의 문장으로 번역하시오.

   1) 彼女、決断
      그녀, 결단 → 그녀다운 결단이네요.

   2) 専門家
      전문가 → 과연 전문가답군요.

   3) 着く
      도착하다 → 곧 도착한다는 것 같아요.

   4) 来る
      오다 → 내일 온다는 것 같아요.

UNIT 67 | よく使う文法 2
자주 쓰는 문법 2

せい
せい: 탓, 때문

あなた → あなたのせい
당신   당신의 탓

あなたのせいで事故が起こったんです。
당신 탓에 사고가 일어난 거예요.

おかげで
かげで: 덕에

先生 → 先生のおかげで
선생님   선생님의 덕분에

先生のおかげで日本語が上手になりました。
선생님 덕분에 일본어를 잘하게 되었어요.

*おかげ様です。
덕분입니다.

ふり
ふり: 척

知らない → 知らないふり
모르다   모르는 척

知らないふりをしないでください。
모르는 척을 하지 말아 주세요.

ため
ため: 위해

私 → 私のために
저   저를 위해서

私のために買ったんですか？
저를 위해서 산 거예요?

建てる → 建てるために
짓다   짓기 위해서

家を建てるためにお金を貯めています。
집을 짓기 위해서 돈을 모으고 있어요.

だけ
だけ: 뿐, 만

これ → これだけ
이것   이것만

これだけお願いします。
이것만 부탁해요.

か
か: 인가

何 → 何か
무엇   무엇인가(뭔가)

何か怪しいですね。
뭔가 수상하네요.

しか
しか: 밖에, 할 수 밖에

これ → これしか
이것   이것밖에

これしかないですか？
이것밖에 없어요?

勉強する → 勉強するしか
공부하다   공부할 수 밖에

勉強するしかないです。
공부할 수 밖에 없어요.

144

1. せいを活用하여 예문에 맞게 번역하시오.

1) (雨、遅れる) →
   비, 늦다　　　　　비 때문에 늦었어요.

2) (あの人、疲れる) →
   그 사람, 피곤하다　　그 사람 때문에 피곤해요.

3) (旦那、悲しい) →
   남편, 슬프다　　　　남편 때문에 슬퍼요.

2. おかげで를 활용하여 예문에 맞게 번역하시오.

1) (先生、勇気が出る) →
   선생님, 용기가 나다　선생님 덕분에 용기가 났어요.

2) (彼女、幸せだ) →
   여자친구, 행복하다　여자친구 덕분에 행복해요.

3. ため를 활용하여 예문에 맞게 번역하시오.

1) (あなた、来る) →
   당신, 오다　　　　　당신을 위해서 왔어요.

2) (アメリカ、行く) →
   미국, 가다　　　　　미국에 가기 위해서 영어를 공부해요.

3) (本、借りる) →
   책, 빌리다　　　　　책을 빌리기 위해서 도서관에 가요.

4. だけ를 활용하여 예문에 맞게 번역하시오.

1) (あなた) →
   당신　　　　　　　　당신뿐이에요.

2) (本、勉強する) →
   책, 공부하다　　　　책만으로 공부했어요.

3) (これ、十分だ) →
   이것, 충분하다　　　이것만으로 충분해요.

5. か를 활용하여 번역하시오.

1) (どこ) →
   어디　　　　　　　　어딘가 가고 싶어요.

2) (誰) →
   누구　　　　　　　　누군가 없어요?

6. しか를 활용하시오.

1) (この、道) →
   이, 길　　　　　　　이 길밖에 없어요.

2) (外、待つ) →
   밖, 기다리다　　　　밖에서 기다릴 수 밖에 없어요.

テスト1
시험1

1. 私(　) 学生です。　　　　　　　　　　　　　　　　**UNIT10**
   A. を　　B. わ　　C. あ　　D. は

2. 私たち(　) 友達(　　)。　　　　　　　　　　　　　**UNIT10**
   A. ですか　　B. です　　C. わ　　D. は

3. あの人(　) アメリカ人(　　)。　　　　　　　　　　**UNIT10**
   A. は　　B. の　　C. ます　　D. です

4. あなたは会社員(　　)?　　　　　　　　　　　　　　**UNIT10**
   A. ますか　　B. ですか　　C. でした　　D. しましたか

5. あなたの友達は誰(　　)?　　　　　　　　　　　　　**UNIT10**
   A. ですか　　B. ましたか　　C. ますか　　D. でしたか

6. 寿司(　) おいしいです。　　　　　　　　　　　　　**UNIT10**
   A. が　　B. に　　C. を　　D. の

7. 先生(　) 日本人(　　)?　　　　　　　　　　　　　**UNIT10**
   A. の、ですか　　B. が、です　　C. は、ですか　　D. は、ます

8. A: ただいま。 B: (　　　)。　　　　　　　　　　　**UNIT08**
   A. お願いします　　B. どういたしまして　　C. 初めまして　　D. おかえりなさい

9. (　　)はいくらですか?　　　　　　　　　　　　　　**UNIT12**
   A. この　　B. こんな　　C. これ　　D. ここ

10. 家は (　　)ですか?　　　　　　　　　　　　　　　**UNIT12**
    A. どこ　　B. どの　　C. どんな　　D. どなた

11. 私は日本人(　　　　　　)。韓国人です。　　　　　　　　　　　　UNIT14
    A. です　　B. じゃないです　　C. します　　D. ですね

12. 彼は私の彼氏(　　　　　　)。友達です。　　　　　　　　　　　　UNIT14
    A. ですが　　B. だけど　　C. じゃありません　　D. ないです

13. あのゲームはあまり(　　　　　　)です。　　　　　　　　　　　　UNIT14
    A. 難しい　　B. 美味しくない　　C. 珍しい　　D. 面白くない

14. 日本と韓国はそんなに(　　　　　　)です。　　　　　　　　　　　UNIT14
    A. 遠くない　　B. 遅くない　　C. 高くありません　　D. よくありません

15. あのカフェは静か(　　　　　　)。うるさいです。　　　　　　　　UNIT14
    A. です　　B. ではないです　　C. ですね　　D. しません

16. 彼は日本語が下手(　　　　　　)。上手です。　　　　　　　　　　UNIT14
    A. だ　　B. ですし　　C. です　　D. じゃないです

17. いつ家に(　　　　　　)?　　　　　　　　　　　　　　　　　　　UNIT15
    A. 建てますか　　B. 帰りますか　　C. 掃除しますか　　D. 寝ますか

18. 僕は本を(　　　　　　)。　　　　　　　　　　　　　　　　　　　UNIT15
    A. 読みます　　B. 読ます　　C. 読んで　　D. 読まます

19. 私はいつも運動(　　　　　　)。　　　　　　　　　　　　　　　　UNIT15
    A. します　　B. です　　C. ですね　　D. ます

20. 彼は日本語を(　　　　　　)。　　　　　　　　　　　　　　　　　UNIT15
    A. 食べる　　B. 便利です　　C. 勉強します　　D. 働く

147

テスト2
시험2

21. いつ韓国に(　　　　)? 　　　　　　　　　　　　　　UNIT15
    A. くますか　　B. きますか　　C. 行くますか　　D. こますか

22. タバコは絶対(　　　　)。 　　　　　　　　　　　　UNIT18
    A. すいません　　B. すみません　　C. すうません　　D. すわません

23. ビールは(　　　　)。 　　　　　　　　　　　　　　UNIT18
    A. 飲мません　　B. 飲みです　　C. 飲んでます　　D. 飲みません

24. 昨日、どこに(　　　　)? 　　　　　　　　　　　　UNIT20
    A. 行きましたか　　B. 行きますか　　C. 行くんですか　　D. 行くましたか

25. 昨日、誰に(　　　　)? 　　　　　　　　　　　　　UNIT20
    A. 会いますか　　B. ありましたか　　C. 会いましたか　　D. あいませんか

26. 市場で何を(　　　　)? 　　　　　　　　　　　　　UNIT20
    A. 買うましたか　　B. 買いましたか　　C. 書きましたか　　D. 買うません

27. 一緒に(　　　　)? 　　　　　　　　　　　　　　　UNIT18
    A. 遊ぶますか　　B. 遊んでいるね　　C. 遊びませんか　　D. 遊ぶますか

28. テレビは(　　　　)? 　　　　　　　　　　　　　　UNIT46
    A. 見ないですか　　B. 見らないですか　　C. 見るないですか　　D. 見なないですか

29. 私は(　　　　)です。 　　　　　　　　　　　　　　UNIT46
    A. ゲームする　　B. ゲームします　　C. ゲームしません　　D. ゲームしない

30. まだ家に(　　　　)ですか? 　　　　　　　　　　　UNIT46
    A. 帰ります　　B. 帰りない　　C. 帰らない　　D. 帰ない

31. 6時までに(　　　　　　　　)。　　　　　　　　UNIT51
　　A. しなければなりません　　B. しなければなるない

32. 毎日(　　　　　　　　　　　)です。　　　　　UNIT51
　　A. 働かなければならない　　B. 働くなければならない

33. 私の彼女は背も(　　　　　)、頭がいいです。　UNIT25
　　A. 高い　　B. 高いけど　　C. 高いが　　D. 高いし

34. 私の妹は性格が(　　　　　)友達がいません。　UNIT30
　　A. 悪くて　　B. よくて　　C. 悪いけど　　D. いいから

35. 私はお金は(　　　　　　)夢があります。　　　UNIT24
　　A. なくて　　B. ないし　　C. ないけど　　D. ないので

36. 彼は日本語は上手です(　　　　)、英語は下手です。UNIT24
　　A. が　　B. ので　　C. から　　D. し

37. 寿司は安いです。(　　　　)おいしいです。　　UNIT24
　　A. しかし　　B. それで　　C. そして　　D. どうして

38. コンビニが近いです。(　　　　　)よく行きます。UNIT30
　　A. それで　　B. だが　　C. でも　　D. そんなに

39. 彼女は友達がいません。(　　　　)彼氏がいるから寂しくないです。UNIT24
　　A. やがて　　B. どうして　　C. でも　　D. そして

40. 道に(　　　　　)困りました。　　　　　　　　UNIT31
　　A. 迷うけど　　B. 迷て　　C. 迷うし　　D. 迷って

テスト3
시험3

41. 駅が（　　　　　）便利です。　　　　　　　　　　UNIT30
    A. 近い　　　B. 近くて　　　C. 近いで　　　D. 近いて

42. （　　　　　）いいですね！　　　　　　　　　　　UNIT30
    A. 簡単で　　B. 簡単くて　　C. 簡単て　　　D. 簡単だ

43. （　　　　　）すみません。　　　　　　　　　　　UNIT31
    A. 遅れで　　B. 遅れて　　　C. 遅れる　　　D. 遅れくて

44. 運動（　　　　　）シャワーしました。　　　　　　UNIT32
    A. します　　B. しても　　　C. するから　　D. してから

45. 今、何を（　　　　　）？　　　　　　　　　　　　UNIT33
    A. していますか　B. してありますか　C. してください　D. していませんか

46. 図書館で（　　　　　）。　　　　　　　　　　　　UNIT33
    A. 勉強しても　B. 勉強してあります　C. 勉強しています　D. 勉強してはならないです

47. ちょっと（　　　　　）ください。　　　　　　　　UNIT35
    A. まち　　　B. 待って　　　C. 持って　　　D. まつ

48. これは重いですね。（　　　　　）くださいませんか？　UNIT35
    A. 伝えって　　B. 伝えて　　　C. 手伝って　　D. 手伝て

49. せめて今日までにお金を（　　　　　）です。　　　UNIT36
    A. 送ってほしい　B. 送るほしい　C. 送てほしい　D. 怒ってほしい

50. この服、ちょっと大きいですね。サイズを（　　　　　）です。　UNIT36
    A. 交換してほしい　B. 交換するほしい　C. 交換してはいけない　D. 交換しない

51. 彼女と一緒に(　　　　　　)ですか？　　　UNIT37
　　A. 行てもいい　　B. 行ってはいい　　C. 行てはいい　　D. 行ってもいい

52. 彼女と一緒に(　　　　　　)です。　　　UNIT37
　　A. 来てもいい　　B. 来ってもいい　　C. 来るもいい　　D. 来てはいい

53. 明日、7時までに来てください。(　　　　　　)ません。　　　UNIT38
　　A. 遅れてはいけ　　B. 遅れてもいい　　C. 遅れてはいけるん　　D. 遅れてはいけばな

54. これ、(　　　　　　)ですか？　　　UNIT37
　　A. 使てもいい　　B. 使ってもいい　　C. 使てはいい　　D. 使ってはいかない

55. あの男を(　　　　　　)です。　　　UNIT38
　　A. 許してはいかない　　B. 許してみる　　C. 許してはいけない　　D. 許してみたい

56. イギリスに(　　　　　　)です。　　　UNIT39
　　A. 行ってみる　　B. 行てみたい　　C. 行ってみたい　　D. 行いてみたい

57. (　　　　　　)けど、無理だと思います。　　　UNIT39
　　A. 考えてみて　　B. 考えてみました　　C. 考えて見るから　　D. 考えてみながら

58. 彼女にひどいことを(　　　　　　)ました。　　　UNIT40
　　A. 言ってしまう　　B. 言ってしまい　　C. 言ってしまえる　　D. 言ってしまった

59. 携帯を落として(　　　　　　)しまいました。　　　UNIT40
　　A. 作って　　B. すべて　　C. 忘れて　　D. 壊して

60. 彼女の名前までも(　　　　　　)しまいました。　　　UNIT40
　　A. 割れて　　B. 忘れて　　C. 捨てて　　D. 拾って

テスト4
시험4

61. この前（　　　　　）人です。　　　　　　　　　　　　UNIT41
　　A. 会う　　　　B. 会いに　　　　C. 会うために　　　　D. 会った

62. 僕が持って（　　　　　）ものです。　　　　　　　　　UNIT41
　　A. 来た　　　　B. 来て　　　　C. 来に　　　　D. 来たい

63. 歯を（　　　　　）寝ます。　　　　　　　　　　　　　UNIT42
　　A. 磨く　　　　B. 磨き　　　　C. 磨いた後　　　　D. 磨った後で

64. 授業が（　　　　　）コーヒーを飲みに行きます。　　　UNIT42
　　A. 終わった後　　B. 終わた後で　　C. 終わりに　　D. 終わっても

65. 休みの日には家で映画を（　　　）、本を（　　　）します。　UNIT43
　　A. 食べたり、したり　B. 飲んだり、行ったり　C. 見たり、読んだり　D. 買ったり、売ったり

66. 飛行機に（　　　　　）ありますか？　　　　　　　　　UNIT44
　　A. 乗りことが　　B. 買ったことが　　C. 見たことが　　D. 乗ったことが

67. こんな写真は（　　　　　）です。　　　　　　　　　　UNIT44
　　A. 食べたことがない　B. 飛んだことがない　C. 見たことがない　D. 飲んだことがない

68. そんな話は（　　　　　）ですけど。　　　　　　　　　UNIT44
　　A. 見たことがない　B. 聞いたことがない　C. 座ったことはない　D. 立ったことはない

69. 週2、3回は運動（　　　　　）です。　　　　　　　　　UNIT45
　　A. してください　　B. したらどう　　C. したほうがいい　　D. してしまう

70. 地下鉄よりバスに乗って（　　　　　）いいと思います。　UNIT45
　　A. 行ったほうが　B. 行ってほうが　C. 行ったことが　D. 行ってことが

71. あなたは私が好きですか？(　　　　　　)ですか？　　　UNIT14
　　A. 好きない　　B. 好きじゃない　　C. 好きでは　　D. 好き焼き

72. 私はビールを(　　　　　　)です。　　　UNIT46
　　A. 飲ない　　B. 飲まない　　C. 飲むしない　　D. 飲んない

73. 私は日本人(　　　　　)です。韓国人です。　　　UNIT14
　　A. ない　B. でありません　C. じゃない　D. ない

74. 父はタバコをやめて今はもうタバコを (　　　　　)です。　　　UNIT46
　　A. 吸わない　　B. 吸あない　　C. 吸いません　　D. 吸いない

75. 外は寒いですから(　　　　　　)いいです。　　　UNIT47
　　A. 出る方が　　B. 出ない方が　　C. 出た方が　　D. 出ません方が

76. お酒は夜遅くまで(　　　　　　)いいです。　　　UNIT47
　　A. 飲むない方が　B. 飲みない方が　C. 飲めない方が　D. 飲まない方が

77. お願いですから問題を(　　　　　　)ください。　　　UNIT48
　　A. 起こして　　B. 起こさない　　C. 起こすて　　D. 起こさないで

78. 携帯を見ながら(　　　　　　)ください。　　　UNIT48
　　A. 歩いで　　B. 歩きて　　C. 歩かないで　　D. 歩いて

79. この試験で(　　　　　　)なければならないです。　　　UNIT51
　　A. 合格する　　B. 合格し　　C. 合格さ　　D. 合格しま

80. 今日までに宿題を(　　　　　　)なければならないです。　　　UNIT51
　　A. 出さ　　B. 出し　　C. 出す　　D. 出しって

テスト5
시험5

81. 今家で家族といるから（　　　　　）いいです。　　　UNIT52
    A. 心配しても　B. 心配しなくても　C. 心配さなくても　D. 心配なくても

82. いらないから（　　　　　）いいです。　　　UNIT52
    A. 買わなくても　B. 買あなくても　C. 買ってなくても　D. 買なくても

83. 今から出発する（　　　）何時ぐらいに着きますか？　　　UNIT53
    A. がてら　　B. ば　　C. と　　D. のに

84. やれ（　　　）やるほど難しいですね。　　　UNIT53
    A. と　　B. に　　C. なら　　D. ば

85. 学生（　　　）学生らしく行動しなさい。　　　UNIT53
    A. なら　　B. ば　　C. たら　　D. な

86. この道をまっすぐ（　　　　　）病院が見えます。　　　UNIT53
    A. 行って　B. 行く　C. 行ったら　D. 行きます

87. 電話（　　　　　）としたんですけど忙しかったです。　　　UNIT54
    A. すろう　B. しよう　C. しない　D. しおう

88. 仕事を（　　　　　）としました。　　　UNIT54
    A. やめろう　B. やめよう　C. やめない　D. やめおう

89. 彼は子供（　　　　　）です。　　　UNIT66
    A. みたい　B. 見る　C. 見たくない　D. 見える

90. 彼女はこの頃、就職活動で（　　　　　）です。　　　UNIT55
    A. 忙しくない　B. 忙しいなら　C. 忙しそう　D. 忙しい見える

91. 彼女の(　　　　)大人になりたいです。　　　　　　　　　　UNIT66
    A. ようだ　　B. ような　　C. よう　　D. ようにも

92. 彼は成功(　　　　　　　)。　　　　　　　　　　　　　　UNIT56
    A. そうします　　B. したそうです　　C. しますそうです　　D. そうです

93. あの車は(　　　　　　)ですね。　　　　　　　　　　　　UNIT55
    A. 高そう　　B. 高いだそう　　C. 高いなそう　　D. 高よさそう

94. 来週から台風が(　　　　　)です。　　　　　　　　　　　UNIT66
    A. こらしい　　B. きたらしい　　C. きらしい　　D. くるらしい

95. これは僕が(　　　　　)好きでした。　　　　　　　　　　UNIT57
    A. 高校生　　B. 高校生時　　C. 高校生の時　　D. 高校生な時

96. 週末、(　　　　　　)遊びに行きませんか？　　　　　　　UNIT67
    A. なんが　　B. なぜか　　C. 本当か　　D. どこか

97. 本を(　　　　　　)目が悪くなりました。　　　　　　　　UNIT58
    A. よむって　　B. 読みすぎて　　C. 読みて　　D. いっぱい読むと

98. 私はなんでも(　　　　　　)男です。　　　　　　　　　　UNIT59
    A. れる　　B. られる　　C. できる　　D. すれる

99. 先生に(　　　　　　)嬉しいです。　　　　　　　　　　　UNIT60
    A. 叱られる　　B. 褒められて　　C. 叱れる　　D. 褒めれる

100. 私に(　　　　　　)くださいませんか？　　　　　　　　UNIT61
    A. 見させて　　B. 見って　　C. 見れて　　D. 見られて

テスト6
시험6

1. です를 활용하여 문장을 만드시오.

2. ですか를 활용하여 문장을 만드시오.

3. ですね를 활용하여 문장을 만드시오.

4. こ、そ、あ、ど중 하나를 활용하여 문장을 만드시오.

5. でした를 활용하여 문장을 만드시오.

6. でしたか를 활용하여 문장을 만드시오.

7. かったです를 활용하여 문장을 만드시오.

8. ではない를 활용하여 문장을 만드시오.

9. じゃない를 활용하여 문장을 만드시오.

10. ではありません을 활용하여 문장을 만드시오.

11. じゃありません를 활용하여 문장을 만드시오.

12. ます를 활용하여 문장을 만드시오.

13. ますか를 활용하여 문장을 만드시오.

14. 上、下、右、左 중 하나를 활용하여 문장을 만드시오.

15. ません를 활용하여 문장을 만드시오.

16. ませんか를 활용하여 문장을 만드시오.

17. から를 활용하여 문장을 만드시오.

18. まで를 활용하여 문장을 만드시오.

19. から・まで를 활용하여 문장을 만드시오.

20. ました를 활용하여 문장을 만드시오.

テスト7
시험7

21. ましたか를 활용하여 문장을 만드시오.

22. ましょう를 활용하여 문장을 만드시오.

23. ましょうか를 활용하여 문장을 만드시오.

24. たいです를 활용하여 문장을 만드시오.

25. ながら를 활용하여 문장을 만드시오.

26. に를 활용하여 문장을 만드시오.(21과)

27. でも를 활용하여 문장을 만드시오.

28. けど를 활용하여 문장을 만드시오.

29. が를 활용하여 문장을 만드시오.

30. そして를 활용하여 문장을 만드시오.

31. し를 활용하여 문장을 만드시오.

32. から를 활용하여 문장을 만드시오.

33. ので를 활용하여 문장을 만드시오.

34. 予定だ를 활용하여 문장을 만드시오.

35. かもしれない를 활용하여 문장을 만드시오.

36. と思う를 활용하여 문장을 만드시오.

37. い를 활용하여 문장을 만드시오. (29과)

38. な를 활용하여 문장을 만드시오. (29과)

39. それで를 활용하여 문장을 만드시오.

40. くて를 활용하여 문장을 만드시오.

テスト8
시험8

41. ましたか를 활용하여 문장을 만드시오.

42. ましょう를 활용하여 문장을 만드시오.

43. ましょうか를 활용하여 문장을 만드시오.

44. たいです를 활용하여 문장을 만드시오.

45. ながら를 활용하여 문장을 만드시오.

46. に를 활용하여 문장을 만드시오.(21과)

47. でも를 활용하여 문장을 만드시오.

48. けど를 활용하여 문장을 만드시오.

49. が를 활용하여 문장을 만드시오.

50. そして를 활용하여 문장을 만드시오.

51. し를 활용하여 문장을 만드시오.

52. から를 활용하여 문장을 만드시오.

53. ので를 활용하여 문장을 만드시오.

54. 予定だ를 활용하여 문장을 만드시오.

55. かもしれない를 활용하여 문장을 만드시오.

56. と思う를 활용하여 문장을 만드시오.

57. い를 활용하여 문장을 만드시오. (34과)

58. な를 활용하여 문장을 만드시오. (34과)

59. それで를 활용하여 문장을 만드시오.

60. くて를 활용하여 문장을 만드시오.

テスト9
시험9

61. たら를 활용하여 문장을 만드시오.

62. ば를 활용하여 문장을 만드시오.

63. ようとする를 활용하여 문장을 만드시오.

64. みたい를 활용하여 문장을 만드시오.

65. ようだ를 활용하여 문장을 만드시오.

66. そうだ를 활용하여 문장을 만드시오.(55과)

67. そうだ를 활용하여 문장을 만드시오.(56과)

68. らしい를 활용하여 문장을 만드시오.

69. 時를 활용하여 문장을 만드시오.

70. か를 활용하여 문장을 만드시오.

71. すぎる를 활용하여 문장을 만드시오.

72. (え)る를 활용하여 문장을 만드시오.(59과)

73. られる를 활용하여 문장을 만드시오.(59과)

74. れる를 활용하여 문장을 만드시오.(60과)

75. られる를 활용하여 문장을 만드시오.(60과)

76. せる를 활용하여 문장을 만드시오.

77. させる를 활용하여 문장을 만드시오.

78. ことができる를 활용하여 문장을 만드시오.

79. ことにする를 활용하여 문장을 만드시오.

80. にくい를 활용하여 문장을 만드시오.

日記
일기

日記
일기

日記
일기

単語 1-1
단어 1-1

あ

明日（あした）	내일
あさって	내일모레
あご	턱
穴（あな）	구멍
秋（あき）	가을
兄貴（あにき）	형님
あなた	당신
朝（あさ）	아침
朝ごはん（あさ）	아침밥
頭（あたま）	머리
雨（あめ）	비
相手（あいて）	상대방
赤ちゃん（あか）	아기
味（あじ）	맛

い

いす	의자
家（いえ）	집
色（いろ）	색깔
医者（いしゃ）	의사
石（いし）	돌
いとこ	사촌
犬（いぬ）	개
今（いま）	지금
妹（いもうと）	여동생
入り口（いりぐち）	입구
一（いち）	일
いか	오징어
いちご	딸기

う

腕（うで）	팔
運命（うんめい）	운명
嘘（うそ）	거짓말
牛（うし）	소
歌（うた）	노래

え

映画（えいが）	영화
英語（えいご）	영어
円（えん）	엔
縁（えん）	인연
鉛筆（えんぴつ）	연필

お

お母さん（かあ）	어머니
お父さん（とう）	아버지
音楽（おんがく）	음악
おじさん	아저씨
おじいさん	할아버지
おばさん	아주머니
おばあさん	할머니
お兄さん（にい）	오빠, 형
お姉さん（ねえ）	언니, 누나
弟（おとうと）	남동생
奥さん（おく）	부인
大人（おとな）	어른
お腹（なか）	배
おしり	엉덩이
おかず	반찬

か

蚊 (か)	모기
顔 (かお)	얼굴
傘 (かさ)	우산
肩 (かた)	어깨
蟹 (かに)	게
髪の毛 (かみのけ)	머리카락
神様 (かみさま)	신
紙 (かみ)	종이
鍵 (かぎ)	열쇠
家族 (かぞく)	가족
家具 (かぐ)	가구
風 (かぜ)	바람
鏡 (かがみ)	거울

き

木 (き)	나무
奇跡 (きせき)	기적
季節 (きせつ)	계절
昨日 (きのう)	어제
きっかけ	계기
兄弟 (きょうだい)	형제

く

熊 (くま)	곰
雲 (くも)	구름
国 (くに)	나라
薬 (くすり)	약
口 (くち)	입
首 (くび)	목
靴 (くつ)	구두
靴下 (くつした)	양말
果物 (くだもの)	과일

け

怪我 (けが)	상처
煙 (けむり)	연기
欠席 (けっせき)	결석
警察 (けいさつ)	경찰

こ

ここ	여기
これ	이것
氷 (こおり)	얼음
声 (こえ)	목소리
子供 (こども)	아이
紅茶 (こうちゃ)	홍차

さ

桜 (さくら)	벚꽃
魚 (さかな)	생선
砂糖 (さとう)	설탕
皿 (さら)	접시

し

書類 (しょるい)	서류
舌 (した)	혀
主人 (しゅじん)	남편
親戚 (しんせき)	친척
焼酎 (しょうちゅう)	소주
塩 (しお)	소금
醤油 (しょうゆ)	간장
実家 (じっか)	친가

単語 1-2

단어 1-2

自転車	じてんしゃ	자전거
自動車	じどうしゃ	자동차
自動	じどう	자동
地震	じしん	지진
自信	じしん	자신

す

寿司	すし	초밥
すいか		수박

せ

先生	せんせい	선생님
専門家	せんもんか	전문가
先日	せんじつ	전날
洗濯物	せんたくもの	세탁물
せっけん		비누

そ

空	そら	하늘
象	ぞう	코끼리

た

魂	たましい	영혼
卵	たまご	계란
滝	たき	폭포
他人	たにん	타인
食べ物	たべもの	음식
建物	たてもの	건물
誰	だれ	누구

つ

翼	つばさ	날개
机	つくえ	책상
妻	つま	처 (아내)

て

手数料	てすうりょう	수수료
手袋	てぶくろ	장갑
電気	でんき	전기

と

虎	とら	호랑이
時計	とけい	시계
どこ		어디
どなた		누구

に

人気	にんき	인기
肉	にく	고기

ね

猫	ねこ	고양이

の

喉	のど	목구멍
のり		김
飲み物	のみもの	마실 것

は

歯	は	이
春	はる	봄
橋	はし	다리
箸	はし	젓가락
鼻	はな	코
花	はな	꽃

ひ

秘密(ひみつ)	비밀
ひげ	수염
皮膚(ひふ)	피부
膝(ひざ)	무릎
肘(ひじ)	팔꿈치

ふ

夫婦(ふうふ)	부부
服(ふく)	옷

へ

弁当(べんとう)	도시락

ほ

星(ほし)	별
帽子(ぼうし)	모자

み

耳(みみ)	귀
みかん	귤
水(みず)	물

む

胸(むね)	가슴
息子(むすこ)	아들
娘(むすめ)	딸

め

目(め)	눈

や

野菜(やさい)	야채
家賃(やちん)	집세

ゆ

指(ゆび)	손가락
指輪(ゆびわ)	반지

り

りんご	사과

れ

冷蔵庫(れいぞうこ)	냉장고

わ

若者(わかもの)	젊은이

単語 2
단어 2

あ
相変(あいか)わらず	변함없이, 여전히
あまり	그다지

い
いまさら	이제와서
いよいよ	마침내
一生懸命(いっしょうけんめい)	열심히
いろいろ	여러가지
いわゆる	이른바
いったい	도대체
いつの間(ま)にか	어느샌가

か
かなり	상당히
必(かなら)ず	반드시

き
急(きゅう)に	갑자기
きっと	꼭
きらきら	반짝반짝

け
けっこう	꽤

こ
こっそり	몰래

さ
さすが	과연

し
しっかり	확실히
実(じつ)は	실은

す
少(すこ)し	조금, 약간
すべて	모두, 전부
ずっと	계속, 쭉

せ
せめて	적어도
せっかく	애써, 모처럼
絶対(ぜったい)	반드시, 절대
全然(ぜんぜん)	전혀
ぜひ	꼭

そ
そろそろ	슬슬

た
たいへん	대단히
たくさん	많이
たぶん	아마
例(たと)えば	예를들면
たとえ	설령
ただ	그냥
確(たし)かに	분명히
だいぶ	제법
だいたい	대체로

ち
ちっとも	조금도
ちゃんと	제대로
ちょっと	조금

つ
つまり	즉
ついに	드디어

と

突然(とつぜん)	갑자기
時々(ときどき)	가끔씩
とても	매우
とにかく	어쨌든
特に(とくに)	특히

な

なかなか	좀처럼
なるべく	되도록
なんとなく	왠지 모르게

ひ

ひどい	심하다
非常に(ひじょうに)	대단히
ぴったり	딱 맞음

ほ

ほとんど	거의

ま

まもなく	곧, 머지않아
まるで	마치
まったく	완전히

め

むしろ	오히려

も

もちろん	물론
もっとも	가장, 제일
もっと	더욱
もし	혹시, 만약
もしかして	혹시나, 만약에

や

やがて	이윽고
やっと	겨우, 간신히
やはり	역시

ゆ

ゆっくり	천천히

よ

よく	자주

単語 3-1
い로 끝나는 단어

あ

青(あお)い	파랗다		大(おお)きい	크다
赤(あか)い	빨갛다		多(おお)い	많다
新(あたら)しい	새롭다		重(おも)い	무겁다
怪(あや)しい	수상하다		恐(おそ)ろしい	무섭다
甘(あま)い	달다		惜(お)しい	아깝다
明(あか)るい	밝다		幼(おさな)い	어리다
荒(あら)い	거칠다		遅(おそ)い	느리다
暑(あつ)い	덥다			
熱(あつ)い	뜨겁다			
暖(あたた)かい	따뜻하다			
危(あぶ)ない	위험하다			

か

悲(かな)しい	슬프다
可愛(かわい)い	귀엽다
軽(かる)い	가볍다
辛(から)い	맵다
痒(かゆ)い	가렵다
固(かた)い	딱딱하다

い

いい	좋다
忙(いそが)しい	바쁘다
痛(いた)い	아프다

き

厳(きび)しい	엄격하다
汚(きたな)い	더럽다
きつい	심하다

う

うまい	맛있다, 잘하다
うるさい	시끄럽다
美(うつく)しい	아름답다
薄(うす)い	얇다, 싱겁다
嬉(うれ)しい	기쁘다
うらやましい	부럽다

く

詳(くわ)しい	자세하다
暗(くら)い	어둡다
黒(くろ)い	검다
苦(くる)しい	괴롭다
悔(くや)しい	분하다

え

えらい	대단하다

こ

怖(こわ)い	무섭다

お

おいしい	맛있다
おかしい	이상하다
おもしろい	재미있다

さ

寂(さび)しい	외롭다

し

しょっぱい	짜다
白(しろ)い	하얗다

す

素晴(すば)らしい	훌륭하다
涼(すず)しい	시원하다
少(すく)ない	적다
すっぱい	시다
すごい	대단하다
ずるい	교활하다

せ

切(せつ)ない	애달프다
狭(せま)い	좁다

た

楽(たの)しい	즐겁다
高(たか)い	비싸다, 높다
正(ただ)しい	올바르다
だるい	나른하다

ち

小(ちい)さい	작다
ちっちゃい	조그맣다
近(ちか)い	가깝다

つ

つまらない	재미없다, 시시하다
冷(つめ)たい	차갑다
強(つよ)い	강하다
つらい	괴롭다

て

でかい	커다랗다

と

遠(とお)い	멀다

な

情(なさ)けない	한심하다
長(なが)い	길다
懐(なつ)かしい	그립다

に

苦(にが)い	쓰다

ね

眠(ねむ)い	졸리다

は

恥(は)ずかしい	부끄럽다
早(はや)い	빠르다
激(はげ)しい	격하다

ひ

低(ひく)い	낮다
広(ひろ)い	넓다
ひどい	심하다

ふ

太(ふと)い	굵다
古(ふる)い	낡다
深(ふか)い	깊다

ほ

欲(ほ)しい	가지고 싶다
細(ほそ)い	가늘다

ま

眩(まぶ)しい	눈부시다
丸(まる)い	둥글다
まずい	맛없다

単語 3-2
い로 끝나는 단어

み

短い(みじか)	짧다

む

難しい(むずか)	어렵다

め

珍しい(めずら)	드물다

も

もったいない	아깝다

や

やばい	위태롭다, 위험하다
優しい(やさ)	착하다
柔らかい(やわ)	부드럽다
易しい(やさ)	쉽다
安い(やす)	싸다

よ

良い(よ)	좋다
弱い(よわ)	약하다
よろしい	좋다

わ

悪い(わる)	나쁘다
若い(わか)	젊다

単語 4
だろ 끝나는 단어

あ
鮮やかだ (あざ)	선명하다	十分だ (じゅうぶん)	충분하다
安全だ (あんぜん)	안전하다	上手だ (じょうず)	잘하다, 능숙하다

い / す
嫌だ (いや)	싫다	素敵だ (すてき)	멋지다
意外だ (いがい)	의외다	好きだ (す)	좋아하다

お / せ
同じだ (おな)	같다	積極的だ (せっきょくてき)	적극적이다
穏やかだ (おだ)	온화하다		

か / そ
簡単だ (かんたん)	간단하다	率直だ (そっちょく)	솔직하다
かわいそうだ	불쌍하다		

き / た
綺麗だ (きれい)	예쁘다, 깨끗하다	大切だ (たいせつ)	소중하다
嫌いだ (きら)	싫어하다	大変だ (たいへん)	힘들다, 큰일이다
危険だ (きけん)	위험하다	確かだ (たし)	확실하다
		大丈夫だ (だいじょうぶ)	괜찮다
		大事だ (だいじ)	중요하다

け
元気だ (げんき)	건강하다	だめだ	안 되다

さ / て
残念だ (ざんねん)	유감이다	丁寧だ (ていねい)	정중하다
		適当だ (てきとう)	적당하다

し / と
静かだ (しず)	조용하다	得意だ (とくい)	가장 잘하다
幸せだ (しあわ)	행복하다		
新鮮だ (しんせん)	신선하다		

な
自然だ (しぜん)	자연스럽다	生意気だ (なまいき)	건방지다
真剣だ (しんけん)	진지하다		

に
深刻だ (しんこく)	심각하다	賑やかだ (にぎ)	혼잡하다
親切だ (しんせつ)	친절하다	苦手だ (にがて)	서툴다
重要だ (じゅうよう)	중요하다		

ひ

暇(ひま)だ	한가하다
必要(ひつよう)だ	필요하다
貧乏(びんぼう)だ	가난하다

ふ

不便(ふべん)だ	불편하다
無事(ぶじ)だ	무사하다
複雑(ふくざつ)だ	복잡하다
不思議(ふしぎ)だ	이상하다

へ

平気(へいき)だ	태연하다
下手(へた)だ	서투르다
便利(べんり)だ	편리하다

ほ

本気(ほんき)だ	진심이다

ま

真面目(まじめ)だ	진지하다

ま

無理(むり)だ	무리다
夢中(むちゅう)だ	몰두하다
無駄(むだ)だ	쓸데없다

め

面倒(めんどう)だ	귀찮다

ゆ

有名(ゆうめい)だ	유명하다

ら

楽(らく)だ	편하다

り

立派(りっぱ)だ	훌륭하다

単語 5-1
する가 없는 단어

あ

開ける	열다
あげる	주다
ある	있다
洗う	씻다
歩く	걷다
温める	데우다
諦める	포기하다
謝る	사과하다
遊ぶ	놀다
合う	(답이) 맞다
集める	모으다
集まる	모이다

い

言う	말하다
いる	있다, 필요하다
行く	가다
生きる	살다
祈る	기도하다
祝う	축하하다
入れる	넣다

う

売る	팔다
生む	낳다
生まれる	태어나다
歌う	노래부르다
受ける	받다
移す	옮기다
動く	움직이다

え

絵を描く	그림을 그리다
選ぶ	고르다
思う	생각하다
落ちる	떨어지다

お

送る	보내다
遅れる	늦다
落とす	떨어뜨리다
覚える	기억하다
終わる	끝나다
終える	끝내다
起こす	일으키다
怒る	혼나다
起きる	일어나다
教える	가르치다
おっしゃる	말씀하시다
踊る	춤추다
奢る	한턱내다
驚く	놀라다
降りる	내리다

か

買う	사다
借りる	빌리다
書く	쓰다
噛む	물다
構う	상관하다
勝つ	이기다

考える _{かんが}	생각하다
帰る _{かえ}	돌아가다, 돌아오다
感じる _{かん}	느끼다
変わる _か	변하다
変える _か	바꾸다
数える _{かぞ}	(수를) 세다
隠す _{かく}	숨기다
隠れる _{かく}	숨다
貸す _か	빌려주다
返す _{かえ}	돌려주다
かかる	걸리다
片付ける _{かたづ}	정리하다

き

切る _き	자르다
聞こえる _き	들리다
聞く _き	듣다, 묻다
着る _き	입다
決める _き	결정하다
決まる _き	결정되다

く

来る _く	오다
暮らす _く	살다 (생활)
比べる _{くら}	비교하다

け

消す _け	지우다

こ

混む _こ	붐비다
壊れる _{こわ}	망가지다
断る _{ことわ}	거절하다
壊す _{こわ}	망가뜨리다
答える _{こた}	대답하다

さ

探す _{さが}	찾다
叫ぶ _{さけ}	외치다
咲く _さ	(꽃이) 피다

し

知る _し	알다
閉める _し	닫다
死ぬ _し	죽다
信じる _{しん}	믿다
調べる _{しら}	조사하다

す

住む _す	살다 (거주)
捨てる _す	버리다
吸う _す	피우다
する	하다
座る _{すわ}	앉다
過ぎる _す	지나다
進む _{すす}	나아가다

そ

育つ _{そだ}	자라다
育てる _{そだ}	키우다, 기르다

た

立つ _た	일어서다
たたむ	(옷)개다

単語 5-2
する가 없는 단어

_{たの}頼む	부탁하다		_と	
_{たよ}頼る	의지하다		_{とど}届く	닿다
_{たの}楽しむ	즐기다		_と飛ぶ	날다
_{たす}助ける	돕다, 구하다, 살리다		_と解く	풀다
_{たす}助かる	도움이 되다		_と止まる	멈추다
_{たたか}戦う	싸우다		**な**	
_た貯める	모으다		なくす	잃다, 없애다
ち			_{なら}習う	배우다
_{ちかづ}近付く	가까워지다		_な慣れる	익숙해지다
_{ちが}違う	다르다, 틀리다		_{なお}直す	고치다
つ			_な舐める	핥다
_{つづ}続ける	계속하다		_{なぐ}殴る	때리다
_{つた}伝える	전하다		_な投げる	던지다
_{つか}使う	사용하다		_{なや}悩む	고민하다
_{つく}作る	만들다		_な泣く	울다
_{つづ}続く	계속되다		_{なら}並ぶ	줄서다
つける	붙이다, 켜다		**に**	
つながる	연결되다		_{に あ}似合う	어울리다
_{つか}疲れる	지치다		_に逃げる	도망치다
_{つと}勤める	근무하다			
_つ着く	도착하다			
て				
_{て つだ}手伝う	돕다			
_で出る	나가다, 나오다			
_で出かける	나가다, 외출하다			
できる	할 수 있다			

ぬ

脱ぐ（ぬ）	벗다
濡れる（ぬ）	젖다

ね

寝る（ね）	자다

の

飲む（の）	마시다
残る（のこ）	남다
残す（のこ）	남기다
望む（のぞ）	바라다
乗る（の）	(교통수단) 타다
乗せる（の）	(교통수단) 태우다

は

運ぶ（はこ）	나르다
話す（はな）	이야기하다
走る（はし）	뛰다
入る（はい）	들어가다
払う（はら）	지불하다
始める（はじ）	시작하다
始まる（はじ）	시작되다
吐く（は）	토하다
働く（はたら）	일하다

ひ

拾う（ひろ）	줍다
引っ越す（ひ こ）	이사하다
引っ張る（ひ ぱ）	잡아당기다
びっくりする	깜짝놀라다

ふ

降る（ふ）	(비, 눈) 내리다
増える（ふ）	늘다
増やす（ふ）	늘리다

へ

減る（へ）	줄다
減らす（へ）	줄이다

ほ

褒める（ほ）	칭찬하다

ま

待つ（ま）	기다리다
混ぜる（ま）	섞다
迷う（まよ）	헤매다, 망설이다
間違う（まちが）	틀리다
任せる（まか）	맡기다
守る（まも）	지키다
間に合う（ま あ）	시간에 맞다
負ける（ま）	지다

み

見る（み）	보다
磨く（みが）	닦다
認める（みと）	인정하다
見える（み）	보이다
見せる（み）	보여주다
見つける（み）	발견하다
見つかる（み）	발견되다

む

迎える（むか）	맞이하다

め

迷惑をかける（めいわく）	폐를 끼치다

単語 5-3
する가 없는 단어

目指^{めざ}す	목표하다		

わ

別^{わか}れる	헤어지다
忘^{わす}れる	잊다
分^わかる	이해하다
笑^{わら}う	웃다
渡^{わた}す	건네주다
割^わる	깨다

も

燃^もやす	태우다
持^もつ	가지다
燃^もえる	불타다
文句^{もんく}を言^いう	불평하다
もらう	받다
戻^{もど}る	되돌아가다/오다
戻^{もど}す	되돌리다

や

やる	하다
休^{やす}む	쉬다
焼^やく	굽다
破^{やぶ}れる	찢어지다
役^{やく}に立^たつ	도움이 되다
やめる	그만하다

ゆ

許^{ゆる}す	용서하다

よ

読^よむ	읽다
呼^よぶ	부르다
酔^よう	취하다
喜^{よろこ}ぶ	기뻐하다
酔^よっ払^{ぱら}う	만취하다

単語 6
する로 끝나는 단어

あ
あい 愛する	사랑하다	
あんない 案内する	안내하다	
あんしん 安心する	안심하다	

い
いどう 移動する	이동하다
いんさつ 印刷する	인쇄하다

う
うんてん 運転する	운전하다
うんどう 運動する	운동하다

お
お つ 落ち着く	진정하다, 침착하다

か
かんちが 勘違いする	착각하다
かんり 管理する	관리하다
かんぱい 乾杯する	건배하다
かくにん 確認する	확인하다
がまん 我慢する	참다

き
きたい 期待する	기대하다
きこく 帰国する	귀국하다

け
けっこん 結婚する	결혼하다
けいけん 経験する	경험하다
けんか 喧嘩する	싸우다

こ
こうかん 交換する	교환하다
こうかい 後悔する	후회하다

さ
さんぽ 散歩する	산책하다
さんか 参加する	참가하다
さんせい 賛成する	찬성하다

し
しっぱい 失敗する	실패하다
しんぱい 心配する	걱정하다
しゅっぱつ 出発する	출발하다
しつれい 失礼する	실례하다
しゅじゅつ 手術する	수술하다
しゅうしょく 就職する	취직하다
しつもん 質問する	질문하다
しょうかい 紹介する	소개하다
しょうたい 招待する	초대하다
じゅんび 準備する	준비하다

せ
せいこう 成功する	성공하다
せつめい 説明する	설명하다
せんたく 洗濯する	세탁하다

そ
そうだん 相談する	상담하다
そうじ 掃除する	청소하다
そつぎょう 卒業する	졸업하다
そうぞう 想像する	상상하다

ち
ちゅうもん 注文する	주문하다
ちょうせん 挑戦する	도전하다
ちこく 遅刻する	지각하다

て
でんわ 電話する	전화하다

な
な 泣く	울다
なかなお 仲直りする	화해하다

に
にゅうがく 入学する	입학하다
にんしん 妊娠する	임신하다

は
はっぴょう 発表する	발표하다
はんたい 反対する	반대하다

ひ
ひ こ 引っ越しする	이사하다
びっくりする	놀라다

へ
へんじ 返事する	답장하다

ほ
ほんやく 翻訳する	번역하다

や
やくそく 約束する	약속하다

よ
よやく 予約する	예약하다

り
りかい 理解する	이해하다
りゅうがく 留学する	유학하다
りこん 離婚する	이혼하다
りょこう 旅行する	여행하다
りょうり 料理する	요리하다

れ
れんあい 恋愛する	연애하다
れんしゅう 練習する	연습하다
れんらく 連絡する	연락하다

単語 7

외래어 7

ア
アクセサリー	악세사리
アドレス	주소
アパート	아파트
アルバム	앨범
アメリカ	미국

イ
イヤリング	귀걸이
インターネット	인터넷
イベント	이벤트
イギリス	영국

オ
オレンジ	오렌지

カ
カメラ	카메라

キ
ギター	기타

ケ
ケーキ	케이크

コ
コート	코트
コップ	컵
コーラ	콜라

サ
サイズ	사이즈
サンドイッチ	샌드위치
サッカー	축구

シ
シャツ	셔츠

ジュース — 주스

ス
スーツ	수트
スカート	스커트
ズボン	바지

セ
セーター	스웨터

ソ
ソース	소스

タ
タクシー	택시

チ
チケット	티켓

テ
テレビ	티비
テーブル	테이블
電子レンジ	전자레인지

ト
トマト	토마토
トイレ	화장실
ドア	문
ドイツ	독일

ネ
ネクタイ	넥타이

ノ
ノート	공책

ハ
ハンドバック	핸드백
バナナ	바나나

バイク	오토바이	**ラ**	
バッテリー	배터리	ラジオ	라디오
パン	빵	ラーメン	라면
パスポート	여권	**ワ**	
ビ		ワイン	와인
ビール	맥주	ワンピース	원피스
ビル	빌딩		
ビデオ	비디오		
ピンク	핑크		
ピアノ	피아노		
ピザ	피자		
フ			
フィルム	필름		
フランス	프랑스		
ブラウス	블라우스		
プレゼント	선물		
ヘ			
ベルト	벨트		
ベッド	침대		
ホ			
ホテル	호텔		
ボタン	버튼		
ボールペン	볼펜		
ポケット	주머니		
マ			
マイク	마이크		
メ			
メロン	메론		

1과

사람, 물건, 꽃, 입
얼굴, 아침, 어깨, 구멍
다리, 나이, 허리, 집
고양이, 개, 하늘, 별
구름, 가슴, 낮, 밤
꿈, 의자, 책, 방
위, 아래, 옆, 앞

2과

옷, 복숭아, 비, 눈
문어, 나라, 호랑이, 벌레
봄, 여름, 가을, 겨울
초밥, 아내, 우산, 신발
게, 귀, 김, 바다
산, 강, 배, 고기
종이, 노래, 젓가락, 술

3과

열쇠, 상처, 오른쪽, 창문
손자, 오후, 꼭, 왜
어디, 팔, 물, 소매
화재, 옆, 코끼리, 바람
수염, 무릎, 나, 가구
어느 것, 돼지, 벽, 누구
목, 다음, 곧, 병

4과

오늘, 가수, 백
오이, 간장, 조금
사진, 요리, 차
손님, 소주,
입학, 곤약
산맥, 유학

5과

삭제, 가득
깨끗이, 듬뿍
인형, 충전
삼백, 병원
소고기덮밥, 육백

6과

햄, 엄마, 머리, 메모
화장실, 시험, 소스, 세일
케이크, 카메라, 에러, 집
노트, 이름, 가게, 메론
마지막, 빛, 리스트, 티켓
마네킹, 라면, 마스터
시스템, 택시, 제목

7과

껌, 빌딩, 펜, 영
라디오, 티비, 바지, 맥주
게임, 사이즈, 아시아, 여자
공, 침대, 토마토, 데이트
바이러스, 이벤트, 아이돌, 그룹
볼펜, 쇼핑, 메세지
릴렉스, 인터넷, 레코드

8과

<1>
1) おばあさん、おはようございます。
2) おじいさん、おやすみなさい。
3) みなさん、お久しぶりです。
4) お母さん、行ってきます。
5) お父さん、行っていらっしゃい。

<2>
1) はじめまして。
よろしくお願いします。
ごちそうさまでした。

2) おめでとうございます。
　ただいま。
　失礼します。
3) いただきます。
　お疲れ様でした。
　おやすみなさい。
4) 行ってきます。
　お久しぶりです。
　行っていらっしゃい。

< 3 >

1) 3
2) 1
3) 5
4) 2
5) 4

9과

< 1 >

1) いち
2) きゅう、く
3) はち
4) にじゅうさん
5) さんじゅうよん
6) ごじゅうろく
7) ひゃくななじゅうご
8) さんびゃくはちじゅう
9) ごひゃくごじゅう
10) せんきゅうひゃくきゅうじゅうなな
11) にせんさんびゃく
12) はっせんきゅうじゅうご
13) いちまんさんぜん
14) にまん
15) ろくまんよんせん

< 2 >
< 3 >
< 4 >

1) ゼロいちゼロにさんゼロよんいちはちよんゼロ
2) せんきゅうひゃくきゅうじゅうななねんはちがつ
3) さんまんきゅうせんえん
4) きゅうせんよんひゃくいちばん
5) にかい

10과

< 1 >

1) 学生ですか? はい。学生です。
2) 先生ですか?はい。先生です。
3) 本ですか?はい。本です。
4) 友達ですか?はい。友達です。
5) 会社員ですか?はい。会社員です。
6) 警察ですか?はい。警察です。

< 2 >

1) 簡単ですか?はい。簡単です。
2) 綺麗ですか?はい。綺麗です。
3) 上手ですか?はい。上手です。
4) 下手ですか?はい。下手です。
5) 便利ですか?はい。便利です。
6) 不便ですか?はい。不便です。

< 3 >

1) 眠いですか?はい。眠いです。
2) 忙しいですか?はい。忙しいです。
3) かわいいですか?はい。かわいいです。
4) 安いですか?はい。とても安いです。
5) 高いですか?はい。ちょっと高いです。
6) 楽しいですか?はい。本当に楽しいです。

< 4 >

1) はい。静かです。
2) はい。高いです。
3) はい。便利です。
4) はい。上手です。
5) はい。忙しいです。

11과

< 1 >
1) ごじです。
2) さんじごじゅうごふんです。
3) いちじよんじゅっぷんです。
4) くじごふんです。
5) じゅうじさんじゅっぷんです。

< 2 >
1) じゅういちがつです。
2) じゅうさんにちです。
3) もくようびです。
4) にせんじゅうごねん、ごがつ、にじゅうごにちです。

< 3 >
1) いちじごふん
2) にじにじゅっぷん
3) さんじよんじゅうごふん
4) よじじゅうななふん
5) ごじさんじゅっぷん
6) ろくじきゅうふん
7) しちじよんじゅういっぷん
8) はちじごじゅっぷん
9) くじじゅうにふん
10) じゅうじじゅっぷん
11) じゅういちじ
12) じゅうにじさんぷん
13) はちじじゅうよんぷん
14) しちじにじゅうはっぷん
15) いちじじゅうはっぷん
16) よじよんじゅうろっぷん
17) ごじさんじゅうさんぷん
18) さんじごじゅうにふん
19) ろくじななふん
20) にじにじゅうにふん

12과

< 1 >
1) ここ、이곳
2) これ、이것
3) どんな、어떤
4) どこ、어디
5) それ、그것
6) そんな、그런

< 2 >
1) これはいくらですか？
   それは５００円です。
2) それはなんですか？
   これはおみやげです。
3) あれはなんですか？
   あれは時計です。
4) ここはどこですか？
   ここは学校です。

< 3 >
1) 駅はどこですか？
   駅はこちらです。
2) バス乗り場はこっちですか？
   バス 乗り場はあっちです。
3) トイレはどこですか？
   トイレはあそこです。
4) ここは銀行ですか？
   ここは郵便局です。

< 4 >
1) あの男の人は誰ですか？
2) この車はいくらですか？
3) そんなに安いですか？
4) そうです。
5) その人はどんな人ですか？
6) これはどうですか？
7) 今どこですか？

13과

< 1 >
1) いつでしたか? 　　昨日でした。
2) どこでしたか? 　　大阪でした。
3) 誰でしたか? 　　　警察でした。
4) 何でしたか? 　　　幽霊でした。
5) 何曜日でしたか? 月曜日でした。
6) いくらでしたか? 　一万円でした。

< 2 >
1) 好きでしたか? 　　好きでした。
2) 嫌いでしたか? 　　嫌いでした。
3) 必要でしたか? 　　必要でした。
4) 楽でしたか? 　　　とても楽でした。
5) 簡単でしたか? 　　かなり簡単でした。
6) 有名でしたか? 　　相当有名でした。

< 3 >
1) 面白かったですか?
　 面白かったです。
2) つまらなかったですか?
　 つまらなかったです。
3) うまかったですか?
　 うまかったです。
4) 遠かったですか?
　 けっこう遠かったです。
5) 近かったですか?
　 相当近かったです。
6) まずかったですか?
　 本当にまずかったです。

< 4 >
1) おいしかったです。
2) 暑かったです。
3) おもしろかったです。
4) 楽しかったです。
5) 高かったです。

14과

< 1 >
1) 水ですか? 　　水じゃないです。
2) 今日ですか? 　今日じゃないです。
3) 明日ですか? 　明日じゃないです。
4) 週末ですか? 　週末じゃないです。
5) 誕生日ですか? 誕生日じゃないです。
6) 1時ですか? 　　1時じゃないです。

< 2 >
1) 好きですか? 　　好きじゃないです。
2) 嫌いですか? 　　嫌いじゃないです。
3) 必要ですか? 　　必要じゃないです。
4) 楽ですか? 　　　楽じゃないです。
5) 簡単ですか? 　　簡単じゃないです。
6) 有名ですか? 　　有名じゃないです。

< 3 >
1) うるさいですか? うるさくないです。
2) 汚いですか? 　　汚くないです。
3) 恥ずかしいですか?恥ずかしくないです。
4) 面白いですか?全然面白くないです。
5) 難しいですか?あまり難しくないです。
6) 優しいですか?ちっとも優しくないです。

< 4 >
1) うるさくないです。
2) 汚くないです。
3) 安くないです。
4) 下手じゃないです。
5) 忙しくないです。

15과

\<1\>
1) 読みますか？　読みます。
2) 習いますか？　習います。
3) ありますか？　あります。
4) 食べますか？　食べます。
5) 飲みますか？　飲みます。
6) 勉強しますか？勉強します。
7) 寝ますか？　　寝ます。
8) 行きますか？　行きます。
9) しますか？　　します。
10) 起きますか？　起きます。
11) 見ますか？　　見ます。
12) 乗りますか？　乗ります。

\<2\>
1) 食べます。
2) 勉強します。
3) 飲みます。
4) 寝ます。
5) 起きます。
6) 読みます。
7) 乗ります。
8) 行きます。
9) 見ます。
10) 聞きます。

\<3\>
1) 私は学校で日本語を勉強します。
2) 私は図書館に行きます。
3) 母は音楽を聞きます。
4) 弟は家で本を読みます。
5) 明日、彼女と映画を見ます。
6) 来年、僕はアメリカに行きます。
7) 毎日何時に起きますか？
8) 朝ごはんはいつ食べますか？

16과

\<1\>
1) 上(うえ) / 위
2) 左(ひだり) / 왼쪽
3) 前(まえ) / 앞
4) 横(よこ) / 옆
5) 中(なか) / 안
6) 下(した) / 아래
7) 右(みぎ) / 오른쪽
8) 向こう(むこう) / 건너편
9) 後ろ(うしろ) / 뒤

\<2\>
1) 机の上に鉛筆があります。
2) 病院の前に郵便局があります。
3) 駅の後ろにカフェがあります。
3) テーブルの上に本があります。
5) 銀行の向こうにコンビニがあります。
6) 男の人の横に女の人がいます。

\<3\>
1) いすの上に本が5冊あります。
2) 机の下に猫が1匹います。
3) カバンの中にりんごが5個あります。
4) 店の向こうに人が二人います。
5) 駅の横にパン屋が一つあります。

\<4\>
1) 病院の向こうにカフェがあります。
2) 銀行の横に郵便局と学校があります。
3) カバンの中にパソコンがあります。
4) 机の下に猫と犬がいます。
5) 男の人の前に車があります。

17과

< 1 >
1) 女の人ひとり
2) 男の人さんにん
3) 本5冊
4) 年19歳
5) りんご2個
6) 犬4匹
7) 友達じゅうにん
8) 車1台
9) 猫2匹
10) 雑誌3冊
11) いちご6個
12) ビール5杯

< 2 >
1) 机の下に犬が2匹います。
2) 机の上に本が1冊あります。
3) いすの下に猫が3匹います。
4) 車の中に女の人が一人います。
5) ビルの前に男の人が二人います。

< 3 >
1) カバンの中に本が4冊、
携帯が一台あります。
2) 机の上に財布が一個、
カードが三昧あります。
3) ビルの前に男の人が三人、
女の人が二人がいます。
4) テーブルの上にりんごが二個、
紙が3枚あります。
5) 部屋の中に犬が一匹、猫が二匹います。

< 4 >
1) コロッケ三つとアイス二つください。
2) パン二つとケーキ三つください。
3) これ二つとこれ四つください。

18과

< 1 >
1) 見ませんか? 見ません。
2) 買いませんか? 買いません。
3) 会いませんか? 会いません。
4) いませんか? いません。
5) 飲みませんか? 飲みません。
6) 運動しませんか? 運動しません。
7) ありませんか? ありません。
8) 行きませんか? 行きません。
9) 聞きませんか? 聞きません。

< 2 >
1) 行きません。
2) 飲みません。
3) 見ません。
4) 聞きません。
5) 運動しません。
6) いません。
7) 買いません。
8) 会いません。
9) 食べません。
10) しません。

< 3 >
1) 私はさしみを食べません。
2) 彼女はビールを飲みません。
3) 母はドラマを見ません。
4) 家に犬がいません。
5) 私はお金がありません。
6) 弟は本を読みません。
7) 明日韓国に帰りません。
8) 姉はコーヒーを飲みません。

19과

< 1 >
1) から、まで
2) から
3) まで
4) まで
5) から　まで

< 2 >
1) 今週から来週まで泊まりますか？
2) 駅から家まで近いですか？
3) バス乗り場から図書館まで遠いですか？
4) ここから会社までどのぐらいかかりますか？
5) 11日から13日まで休みですか？

< 3 >
1) 東京から大阪まで何時間ぐらいかかりますか？
2) 休みの日は何日から何日までですか？
3) 7月から8月まで梅雨です。

20과

< 1 >
1) 買いましたか？　買いました。
2) 習いましたか？　習いました。
3) 調べましたか？　調べました。
4) 食べましたか？　食べました。
5) 飲みましたか？　飲みました。
6) 勉強しましたか？　勉強しました。

< 2 >
1) 何時に寝ましたか？
　　9時に寝ました。
2) どこに行きましたか？
　　病院に行きました。
3) 何を買いましたか？
　　服を買いました。
4) 何をしましたか？
　　運動しました。

< 3 >
1) 寝ました。
2) 食べました。
3) 勉強しました。
4) 買いました。
5) 行きました。
6) 運動しました。
7) 飲みました。
8) 習いました。
9) 調べました。
10) いました。

21과

< 1 >
1) 飲みましょうか？　飲みましょう。
2) 会いましょうか？　会いましょう。
3) 練習しましょうか？　練習しましょう。
4) 休みましょうか？　休みましょう。
5) 遊びましょうか？　遊びましょう。
6) 付き合いましょうか？ 付き合いましょう。

< 2 >
1) はい、一緒に遊びましょう。
2) はい、付き合いましょう。
3) はい、行きましょう。
4) はい、練習しましょう。
5) はい、休みましょう。

< 3 >
1) 卓球をしましょうか？
2) バドミントンをしましょうか？
3) テニスをしましょうか？
4) ゴルフをしましょうか？
5) 帰りましょうか？

22과

1) 見たいですか？　見たいです。
2) 作りたいですか？　作りたいです。
3) 勝ちたいですか？　勝ちたいです。
4) 売りたいですか？　売りたいです。
5) 会いたいですか？　会いたいです。
6) 就職したいですか？　就職したいです。

< 2 >
1) 映画を見たいですか？
　 映画を見たくないです。
2) サンドイッチを作りたいですか？
　 サンドイッチは作りたくないです。
3) 運動したいですか？
　 運動したくないです。
4) 本を売りたいですか？
　 本を売りたくないです。
5) 写真を撮りたいですか？
　 写真を撮りたくないです。
6) 音楽を聞きたいですか？
　 音楽を聞きたくないです。

< 3 >
1) 歯を磨きたかったですか？
　 歯を磨きたくなかったです。
2) 絵を描きたかったですか？
　 絵を描きたくなかったです。
3) 練習したかったですか？
　 練習したくなかったです。
4) 写真を撮りたかったですか？
　 写真を撮りたくなかったです。
5) 踊りたかったですか？
　 踊りたくなかったです。
6) ピアノを弾きたかったですか？
　 ピアノを弾きたくなかったです。

< 4 >
1) 海外に行きたいからです。
2) 服を買いたいからです。
3) 就職したいからです。
4) 本を読みたいからです。

23과

< 1 >
1) 見に行きました。
2) 遊びに行きました。
3) 働きに行きました。
4) 買いに行きました。
5) 探しに行きました。
6) 借りに行きました。

< 2 >
1) 交換しに来ました。
2) 会いに来ました。
3) 飲みに来ました。
4) もらいに来ました。
5) あげに来ました。
6) 教えに来ました。

< 3 >
1) 彼女と桜を見に日本へ行きたいです。
2) 歌を歌いにカラオケに行ってきました。
3) 本を借りに友達の家に行きます。
4) 韓国語を教えにアメリカに行きました。
5) 遊びに行きたいです。

< 4 >
1) 英語を勉強しに行きます。
2) 映画を見に行きます。
3) 本を買いに行きました。
4) 歌を歌いに行きました。
5) 携帯を探しに来ました。
6) あなたに会いに来ました。

24과

< 1 >
1) 私は初心者ですけど。
2) 専門家ですけど。
3) 知り合いですけど。
4) 恋人ですけど。

< 2 >
1) お金はありますけど時間がありません。
2) キムチは辛いですけどおいしいです。
3) 彼は小さいですけど強いです。
4) パソコンが欲しいですけど高いです。
5) この料理は簡単ですけど時間がかかります。

25과

< 1 >
1) 都会はうるさいし汚いです。
2) 田舎は空気がいいし静かです。
3) 妻は髪の毛が長いし背が高いです。
4) 旦那は友達がたくさんいるし頭がいいです。
5) 私は夢があるし未来があります。

< 2 >
1) 彼は優しいし頭もいいですけどわがままです。
2) 韓国料理は辛いしょっぱいですけどおいしいです。
3) 田舎は静かで空気がいいですけどやることがないです。
4) 彼女は知り合いが多いし人気者ですけど恋人がいません。
5) 外国語は難しいし覚える単語が山ほどありますけどおもしろいです。

26과

< 1 >
1) 行く予定ですか？　行く予定です。
2) 来る予定ですか？　来る予定です。
3) 泊まる予定ですか？泊まる予定です。
4) する予定ですか？　する予定です。
5) 遊ぶ予定ですか？　遊ぶ予定です。
6) 結婚する予定ですか？
　　結婚する予定です。

< 2 >
1) いつ来る予定ですか？
　　明日行く予定です。
2) どこに泊まる予定ですか？
　　ホテルに泊まる予定です。
3) 誰に会う予定ですか？
　　知り合いに会う予定です。
4) どこに行く予定ですか？
　　海にいく予定です。
5) いつ帰る予定ですか？
　　来週帰る予定です。

27과

< 1 >
1) 行くつもりですか？
   行くつもりです。
2) あげるつもりですか？
   あげるつもりです。
3) 旅行するつもりですか？
   旅行するつもりです。
4) 泊まるつもりですか？
   泊まるつもりです。
5) 交換するつもりですか？
   交換するつもりです。
6) 買い物するつもりですか？
   買い物するつもりです。

< 2 >
1) どの国に行くつもりですか？
   中国に行くつもりです。
2) どこに泊まるつもりですか？
   知り合いの家に泊まるつもりです。
3) 何をするつもりですか？
   ショッピングするつもりです。
4) 何を買うつもりですか？
   お土産を買うつもりです。

28과

< 1 >
1) 年上かもしれない。
2) 新しいかもしれない。
3) 同じかもしれない。
4) 聞こえるかもしれない。
5) 年下かもしれない。
6) 古いかもしれない。
7) 素敵かもしれない。
8) 壊れるかもしれない。

< 3 >
1) 聞こえるかもしれないから静かに話してください。
2) 嘘かもしれないから心配しないでください。
3) 遅くなるかもしれないから先にどうぞ。

29과

< 1 >
1) 大変だと思います。
2) 久しぶりだと思います。
3) 遅いと思います。
4) あると思います。
5) 変だと思います。
6) 必要だと思います。
7) 危ないと思います。
8) ないと思います。

< 2 >
1) もう無理だと思います。
2) 日本語は簡単だと思います。
3) 仕事は大変だと思います。
4) お金がないと思います。
5) 色が違うと思います。

< 3 >
1) 내일은 비가 내릴 거라고 생각해요.
2) 영어는 어렵다고 생각합니다만 필요하다고 생각해요.

30과

< 1 >
1) 嬉しくて
2) 安くて
3) 懐かしくて
4) 悲しくて
5) 高くて
6) 怖くて
7) 忙しくて
8) 暑くて
9) まずくて

< 2 >
1) 忙しくてできなかったです。
2) バス乗り場から近くて便利でした。
3) 暑くて動きたくないです。
4) 怖くて隠れました。
5) 悲しくて泣きました。

< 3 >
1) 貧乏で
2) 不安で
3) 親切で
4) 幸せで
5) 不幸で
6) 便利で

< 4 >
1) 時間がなくてできなかったです。
2) 優しくて好きです。
3) 不安できました。
4) 必要で買いました。
5) 遠くて不便です。

31과

< 1 >
1) 行って
2) 起きて
3) 飲んで
4) 乗って
5) 別れて
6) いて
7) 買って
8) して
9) 作って

< 2 >
1) あなたがいて幸せです。
2) お酒を飲んで頭が痛いです。
3) バスに乗って来ました。
4) ケーキを作って彼女にあげました。

< 3 >
1) たくさん食べてお腹がいっぱいです。
2) 恋人と別れて悲しいです。
3) 恋人ができて幸せです。
4) 彼女がいて嬉しいです。
5) お酒を飲んで酔っ払いました。

< 4 >
1) 手を洗ってきました。
2) カラオケに行ってきました。
3) 地下鉄に乗ってきました。
4) 映画を見てきました。
5) 迷惑をかけてすみません。

32과

< 1 >
1) 終わってから
2) 掃除してから
3) 飲んでから

4) 寝てから
5) 買い物してから
6) 見てから

< 2 >
1) 掃除してからご飯を食べました。
2) ご飯を食べてから洗い物をしました。
3) 洗い物をしてから仕事に行く準備をしました。
4) 準備してから家を出ました。
5) 家を出てからバスに乗りました。

33과

< 1 >
1) 笑っていますか？　笑っています。
2) 泣いていますか？　泣いています。
3) 住んでいますか？　住んでいます。
4) 歩いていますか？　歩いています。
5) 走っていますか？　走っています。
6) 書いていますか？　書いています。

< 2 >
1) 見ています。
2) 作っています。
3) 聞いています。
4) 住んでいます。
5) 運転しています。
6) 運動しています。
7) 飲んでいます。
8) 行っています。
9) 飛んでいます。
10) 書いています。

34과

< 1 >
1) 小さい家
2) 安い物
3) 近いところ
4) 簡単な問題
5) 素敵な人
6) 平凡な日常
7) 掃除する店員
8) そんな事
9) しゃべるロボット
10) 料理する男

< 2 >
1) しゃべるロボットが欲しいです。
2) 簡単な問題じゃありません。
3) 小さい家に住みたいです。

< 3 >
1) 買いたい物
2) もらいたいプレゼント
3) 読みたい本

< 4 >
1) 買いたいものがないです。
2) もらいたいプレゼントがありますか？
3) 私が読みたい本です。

< 5 >
1) 見ている動画
2) 住んでいるところ
3) 輝いている星

< 6 >
1) 今見ている動画は何ですか？
2) 今住んでいるところはどこですか？
3) 輝いている星を見ている人たち。

35과

< 1 >
1) 覚えてください。
2) 開けてください。
3) 辞めてください。
4) 忘れてください。
5) 閉めてください。
6) 結婚してください。

< 2 >
1) 電話番号を覚えてください。
2) ドアを閉めてください。
3) 窓を開けてください。
4) 学校を辞めてください。
5) ちょっと待ってください。
6) 私と結婚してください。

< 3 >
1) 返してください。
2) 確認してください。
3) 追加してください。
4) 静かにしてください。
5) 無視してください。
6) 削除してください。

< 4 >
1) 静かにしてください。
2) 交換してください。
3) 追加してください。
4) 返してください。
5) 確認してください。
6) 窓を閉めてください。

36과

< 1 >
1) 許してほしいです。
2) 渡してほしいです。
3) 忘れてほしいです。
4) 覚えてほしいです。
5) 充電してほしいです。
6) 交換してほしいです。
7) 付き合ってほしいです。
8) やめてほしいです。

< 2 >
1) 覚えてほしいです。
2) 交換してほしいです。
3) 許してほしいです。
4) 来てほしいです。
5) やめてほしいです。
6) 付き合ってほしいです。
7) 撮ってほしいです。
8) 確認してほしいです。
9) 渡してほしいです。
10) 降ってほしいです。

37과

< 1 >
1) 触ってもいいですか?
　触ってもいいです。
2) 使ってもいいですか。
　使ってもいいです。
3) お願いしてもいいですか?
　お願いしてもいいです。
4) 聞いてもいいですか?
　聞いてもいいです。

< 2 >
1) ゴミを捨ててもいいですか?
　はい。捨ててもいいです。
2) エアコンをつけてもいいですか?
　はい。つけてもいいです。
3) ドアを開けてもいいですか?
　はい。開けてもいいです。

4) 窓を閉めてもいいですか？
　　はい。閉めてもいいです。

< 3 >
1) つけてもいいですか？
　　つけてもいいです。
2) 閉めてもいいですか？
　　閉めてもいいです。
3) 開けてもいいですか？
　　開けてもいいです。
4) 使ってもいいですか？
　　使ってもいいです。
5) 捨ててもいいですか？
　　捨ててもいいです。
6) 聞いてもいいですか？
　　聞いてもいいです。

38과

< 1 >
1) 触ってもいいですか？
　　触ってはいけません。
2) 写真を撮ってもいいですか？
　　写真を撮ってはいけません。
3) 見せてもいいですか？
　　見せてはいけません。
4) お風呂に入ってもいいですか？
　　お風呂に入ってはいけません。

< 2 >
1) 友達を連れて行ってもいいですか？
　　連れて行ってはいけません。
2) おもちゃを持って行ってもいいですか。
　　持って行ってはいけません。
3) 目を開けてもいいですか？
　　開けてはいけません。
4) 歌を歌ってもいいですか？
　　歌を歌ってはいけません。

< 3 >
1) 開けてもいいですか？
　　開けてはいけません。
2) 撮ってもいいですか？
　　撮ってはいけません。
3) 入ってもいいですか？
　　入ってはいけません。
4) 連れて行ってもいいですか？
　　連れて行ってはいけません。
5) 持って行ってもいいですか？
　　持って行ってはいけません。
6) 見せてもいいですか？
　　見せてはいけません。

< 4 >
1) ここで寝てはいけません。
2) 教室で歌を歌ってはいけません。
3) 図書館で話してはいけません。

39과

< 1 >
1) 調べてみましたか？
　　調べてみました。
2) 使ってみましたか？
　　使ってみました。
3) 比べてみましたか？
　　比べてみました。
4) 乗ってみましたか？
　　乗ってみました。

< 2 >
1) 相撲を習ってみたいですか？
　　相撲を習ってみたいです。
2) ドイツに行ってみたいですか？
　　ドイツに行ってみたいです。
3) 着物を着てみたいですか？
　　着物を着てみたいです。

4) 猿に触ってみたいですか？
猿に触ってみたいです。

< 3 >
1) 着物を着てみたかったので借りました。
2) 海で泳いでみたかったので海に行きました。
3) フランスに行ってみたかったので飛行機のチケットを買いました。
4) ピアノを弾いてみたかったので友達の家に行きました。

40과

< 1 >
1) 落としてしまいました。
2) 落ちてしまいました。
3) 間違えてしまいました。
4) 倒れてしまいました。
5) 使ってしまいました。
6) 壊れてしまいました。

< 2 >
1) 怒って喧嘩してしまいました。
2) 倒れてけがしてしまいました。
3) びっくりして落としてしまいました。

< 3 >
1) 忘れちゃいました。
2) バレちゃいました。
3) 捨てちゃいました。
4) 辞めちゃいました。
5) 別れちゃいました。
6) 寝ちゃいました。

< 4 >
1) 雨が降って遅れちゃいました。
2) 喧嘩して別れちゃいました。
3) 難しくて辞めちゃいました。
4) 怒って投げちゃいました。

41과

< 1 >
1) 買った物
2) 拾ったお金
3) 怒ったお客さん
4) 送ったメール
5) もらったプレゼント
6) 結婚した女の人

< 2 >
1) なくしたものがあります。
2) 習った単語を忘れてしまいました。
3) 約束した時間に来ませんでした。
4) 昨日買ったパソコンがもう壊れてしまいました。
5) これは私が撮った写真です。

< 3 >
1) 食べたんですけど
2) 勉強したんですけど
3) 行ったんですけど

42과

< 1 >
1) 終わった後で
2) 起きた後で
3) 飲んだ後で
4) 行った後で
5) 歯を磨いた後で
6) 見た後で

< 2 >
1) 授業が終わった後で映画を見に行きました。

2) 映画を見た後でコーヒーを飲みに行きました。
3) コーヒーを飲んだ後で家に帰りました。
4) 家に帰った後でお風呂に入りました。
5) お風呂に入った後ですぐに寝ました。

43과

< 1 >
1) 本を読んだり映画を見たりします。
2) コーヒーを飲んだりお茶を飲んだりします。
3) ご飯を食べたりカラオケに行ったりします。
4) 踊りを踊ったり歌を歌ったりします。
5) ユーフォーキャッチャーをしたり映画館に行ったりします。

< 2 >
< 3 >
1) 友達に会ったり家で映画を見たりします。
2) 図書館で勉強したり本を読んだりします。
3) ショッピングしたりご飯を食べたりします。

44과

< 1 >
1) したことがありますか？
　 したことがないです。
2) なくしたことがありますか？
　 なくしたことがないです。
3) 行ったことがありますか？
　 行ったことがないです。
4) 着たことがありますか？
　 着たことがないです。
5) 乗ったことがありますか？
　 乗ったことがないです。

6) 泳いだことがありますか？
　 泳いだことがないです。

< 2 >
1) 住んだことがないですか？
　 住んだことがあります。
2) 付き合ったことがないですか？
　 付き合ったことがあります。
3) デートしたことがないですか？
　 デートしたことがあります。
4) 借りたことがないですか？
　 借りたことがあります。
5) 喧嘩したことがないですか？
　 喧嘩したことがあります。
6) ダイエットしたことがないですか？
　 ダイエットしたことがあります。

45과

< 1 >
1) 起きた方がいいです。
2) 練習した方がいいです。
3) 借りた方がいいです。
4) レンタルした方がいいです。
5) 住んだ方がいいです。
6) 隠した方がいいです。
7) 手伝った方がいいです。
8) お願いした方がいいです。

< 2 >
1) 朝早く起きた方がいいです。
2) 都会より田舎に住んだ方がいいです。
3) 本は図書館で借りた方がいいです。
4) 無視するより返事した方がいいです。
5) 知り合いにお願いするより自分でやった方がいいです。

< 3 >
1) ソファーで寝るよりベッドで寝た方が楽です。
2) バスで行くより地下鉄に乗った方が早いです。

46과

< 1 >
1) 飲まないですか？
　　はい。飲まないです。
2) 聞かないですか？
　　はい。聞かないです。
3) 言わないですか？
　　はい。言わないです。
4) 分からないですか？
　　はい。分からないです。
5) しないですか？
　　はい。しないです。
6) 来ないですか？
　　はい。来ないです。
7) 会わないですか？
　　はい。会わないです。
8) 運動しないですか？
　　はい。運動しないです。
9) 帰らないですか？
　　はい。帰らないです。

< 2 >
1) 見ないです。
2) 帰らないです。
3) 飲まないです。
4) 聞かないです。
5) 運動しないです。
6) 行かないです。
7) 買わないです。
8) 会わないです。
9) 食べないです。

10) しないです。

< 3 >
1) 寒いから外に出ないです。
2) 面白くないから見ないです。
3) めんどうくさいからやらないです。

47과

< 1 >
1) 嘘をつかない方がいいです。
2) 隠さない方がいいです。
3) 乗らない方がいいです。
4) タバコを吸わない方がいいです。
5) 帰らない方がいいです。
6) 残業しない方がいいです。
7) 使わない方がいいです。
8) お願いしない方がいいです。

< 2 >

< 3 >
1) 日本のタクシーは高いですから乗らない方がいいです。
2) 危ないですから行かない方がいいです。
3) タバコは体に良くないですから吸わない方がいいです。

48과

< 1 >
1) 悩まないでください。
2) 気にしないでください。
3) 話しかけないでください。
4) 諦めないでください。
5) 遅れないでください。
6) 辞めないでください。

< 2 >
1) 諦めないでください。
2) 歌を歌わないでください。

3) しないでください。
4) 遅れないでください。
5) 気にしないでください。

< 3 >
1) 危ないですから外に出ないでください。
2) 熱いですから触らないでください。
3) 忙しいですから話しかけないでください。
4) いらないですから買わないでください。

49과

< 1 >
1) ないですから
2) 同じですから
3) 危ないですから
4) ありますから
5) 同い年ですから
6) タメ口を使いますから
7) いますから
8) 先輩ですから
9) 敬語を使いますから

< 2 >
1) 危ないですから気をつけてください。
2) 同い年ですからタメ口を使いましょう。
3) 先輩ですから敬語を使ってください。

< 3 >
1) 動画を送りますから見てください。
2) 終電ですから乗ってください。
3) もう買ったから買わなくてもいいです。
4) 終わったから気にしないでください。
5) 危ないですから気をつけてください。

50과

< 1 >
1) 踊りを踊りながら歌を歌います。
2) コーヒーを飲みながら勉強します。
3) 携帯を見ながら運動します。
4) タバコを吸いながら話します。
5) テレビを見ながらご飯を食べます。

< 2 >
1) 運転しながら電話しないでください。
2) 音楽を聞きながら勉強しないでください。
3) 歩きながら携帯を見ないでください。
4) 食べながら話さないでください。
5) 運転しながらメールしないでください。

51과

< 1 >
1) 出さなければならないです。
2) 出なければならないです。
3) 着かなければならないです。
4) 返さなければならないです。
5) 入らなければならないです。
6) 出発しなければならないです。

< 2 >
1) 何時に帰らなければなりませんか？
2) 単語を覚えなければなりませんか？
3) バッテリーを充電しなければなりませんか？
4) 外国語を習わなければなりませんか？

< 3 >
1) 帰らなければならないです。
2) 着かなければならないです。
3) 返さなければならないです。

4) 充電しなければならないです。
5) 出さなければならないです。

52과

< 1 >
1) しなくてもいいですか?
   一度にしなくてもいいです。
2) 来なくてもいいですか?
   早く来なくてもいいです。
3) 会わなくてもいいですか?
   今日会わなくてもいいです。
4) 起きなくてもいいですか?
   7時に起きなくてもいいです。
5) 終わらせなくてもいいですか?
   今終わらせなくてもいいです。
6) 運動しなくてもいいですか?
   毎日運動しなくてもいいです。

< 2 >
1) しなくてもいいです。
2) 起きなくてもいいです。
3) 働かなくてもいいです。
4) 送らなくてもいいです。
5) 来なくてもいいです。

53과

< 1 >
1) 辞めるなら
2) 警察なら
3) やるなら

< 2 >
1) やるならちゃんとやってください。
2) 辞めるなら始めないでください。

< 3 >
1) 読めば

2) 見れば
3) やれば

< 4 >
1) 読めば読むほど眠くなります。
2) やればやるほど難しくなります。

< 5 >
1) 食べると
2) あると
3) ないと

< 6 >
1) たくさん食べると太ります。
2) 見ないと分かりません。

< 7 >
1) 合格したら
2) あったら
3) 着いたら

< 8 >
1) 空港に着いたら電話してください。
2) 時間があったらコーヒーでも飲みませんか?

54과

< 1 >
1) 運動しようとしました。
2) 貯めようとしました。
3) 許そうとしました。
4) 化粧しようとしました。
5) 始めようとしました。
6) やろうとしました。
7) 相談しようとしました。
8) 電話しようとしました。
9) 辞めようとしました。

< 2 >
1) 運動しようと
2) 化粧しようと
3) 貯めようとしました

< 3 >
1) 頼もうと電話しました。
2) 勉強しようと本を買いました。
3) 写真を撮ろうとカメラを持ってきました。
4) しようとしましたけど時間がなくてできませんでした。
5) 一人で旅行しようとしたんですけど怖くて諦めました。

55과

< 1 >
1) 重そうです。
2) 難しそうです。
3) 忙しそうです。
4) 新鮮そうです。
5) 元気そうです。
6) 暇そうです。
7) 雨が降りそうです。
8) 台風が来そうです。
9) 風が吹きそうです。

< 2 >
1) おいしそうですね。
2) 台風が来そうですね。
3) 雨が降りそうですね。
4) 忙しそうですね。
5) 重そうですね。

< 3 >
1) 雨が降りそうです。
2) 難しそうです。
3) おいしそうです。
4) よさそうです。
5) おもしろそうです。

< 4 >
1) 弱そうです。
2) 高そうです。
3) 難しそうです。
4) 着きそうです。

56과

< 1 >
1) お金持ちだそうです。
2) ひとりぼっちだそうです。
3) ダメ人間だそうです。
4) ちっちゃいそうです。
5) でかいそうです。
6) 珍しいそうです。
7) 好きだそうです。
8) 嫌いだそうです。
9) 嫌だそうです。
10) 要るそうです。
11) いるそうです。
12) 間に合うそうです。

< 2 >
1) 19歳だそうです。
2) お金持ちだそうです。
3) 手作りが好きだそうです。
4) お茶に興味があるそうです。
5) 電子製品が好きだそうです。
6) 英語が上手だそうです。
7) 最高だそうです。
8) 去年結婚したそうです。
9) 車が欲しいそうです。

57과

< 1 >
1) 高校生の時
2) 大学生の時
3) 忙しい時
4) 憂鬱な時
5) つなげる時
6) 辛い時
7) 若い時
8) 大変な時
9) 寂しい時

< 2 >
1) 二十歳の時彼女に会いました。
2) 高校生の時、同じ学校でした。
3) 暇な時に教えてください。
4) 憂鬱な時にはゲームをします。
5) 一人でいる時は寂しいです。

< 3 >
1) 学生の時好きでした。
2) 出発する時に電話してください。
3) 着いた時には誰もいなかったです。
4) あの時は楽しかったです。
5) 勉強する時には集中しなければなりません。

58과

< 1 >
1) 大変すぎる。
2) 簡単すぎる。
3) 忙しすぎる。
4) 遅すぎる。
5) 信じすぎる。
6) 重すぎる。
7) 動きすぎる。
8) 働きすぎる。

< 2 >
1) テレビを見すぎて目が痛いです。
2) ビールを飲みすぎて酔っ払いました。
3) 重すぎてびっくりしました。
4) 働きすぎて倒れてしまいました。
5) 簡単すぎてすぐ終わりました。

59과

< 1 >
1　できますか？　　　できます。
2　読めますか？　　　読めます。
3　覚えられますか？　覚えられます。
4　泳げますか？　　　泳げます。
5　話せますか？　　　話せます。
6　料理できますか？　料理できます。

< 2 >
1) 泊まれますか？　　泊まれません。
2) 答えられますか？　答えられません。
3) 運転できますか？　運転できません。
4) 作れますか？　　　作れません。
5) ピアノを弾けますか？　弾けません。
6) 信じられますか？　信じられません。

< 3 >
1) はい。話せます。
　　いいえ。話せません。
2) はい。弾けます。
　　いいえ。弾けません。
3) はい。作れます。
　　いいえ。作れません。
4) はい。運転できます。
　　いいえ。運転できません。
5) はい。読めます。
　　いいえ。読めません。

60과

< 1 >
1) 捨てられる。
2) 褒められる。
3) いじめられる。
4) 刺される。
5) やられる。
6) 叱られる。
7) 告白される。
8) 裏切られる。
9) 無視される。
10) 騙される。

< 2 >
1) 恋人に捨てられて悲しいです。
2) 好きな人に無視されて悔しいです。
3) 両親に褒められて嬉しいです。
4) 蚊に刺されて痒いです。
5) 告白されて嬉しかったけど断りました。

61과

< 1 >
1) 働かせる
2) 心配させる
3) 怒らせる
4) 待たせる
5) 聞かせる
6) 死なせる
7) 困らせる
8) 寝させる
9) やらせる
10) 焼かせる

< 2 >
1) 心配させてすみません。
2) もう少し寝させてください。
3) あなたを絶対に死なせません。
4) ここで働かせてください。
5) 私に見させてくださいませんか?
6) 困らせてすみません。
7) 私に焼肉を焼かせてください。
8) 私にやらせてください。

62과

< 1 >
1) 覚えやすいです。
2) 直しやすいです。
3) 作りやすいです。
4) 間違えやすいです。
5) 信じやすいです。
6) 習いやすいです。
7) 入りやすいです。
8) 登りやすいです。

< 2 >
1) この本は分かりやすいです。
2) 日本語は習いやすくておもしろいです。
3) 電子製品は使いやすいですが高いです。
4) ラーメンは作りやすいですからよく食べます。
5) 間違えやすいですから気をつけてください。

63과

< 1 >
1) 覚えにくいです。
2) 分かりにくいです。
3) 読みにくいです。
4) 育てにくいです。
5) 使いにくいです。
6) 探しにくいです。
7) 作りにくいです。
8) 理解しにくいです。

< 2 >
1) 数字は覚えにくいです。
2) 使いにくくて不便です。
3) とんかつは作りにくいですがおいしいです。
4) あの授業は分かりにくくて人気がないです。
5) タバコはやめにくいですから吸わないでください。

64과

< 1 >
1) 読むことができます。
2) 話すことができます。
3) 料理することができます。
4) 書くことができます。
5) 運転することができます。
6) 使うことができます。
7) 借りることができます。
8) 作ることができます。

< 2 >
1) 韓国料理を作ることができます。
2) 漢字を読むことができます。
3) 日本語を話すことができます。
4) 車を運転することができます。
5) ファイルをダウンロードすることができます。

< 3 >
1) ギターを弾くことができます。
   ギターを弾くことができません。
2) スキーをすることができます。
   スキーをすることができません。

65과

< 1 >
1) 始めることにしました。
2) 住むことにしました。
3) 辞めることにしました。
4) 習うことにしました。
5) 旅行することにしました。
6) 挑戦することにしました。
7) 留学することにしました。
8) 作ることにしました。

< 2 >
1) 日本に留学することにしました。
2) 日本語を習うことにしました。
3) 会社を辞めることにしました。
4) 中国に住むことにしました。
5) ドイツに行くことにしました。

< 3 >
1) いいえ。やめないことにしました。
2) いいえ。通わないことにしました。
3) いいえ。行かないことにしました。
4) いいえ。帰らないことにしました。

66과

< 1 >
1) 運命のように会いました。
2) 星のように輝いています。
3) 昔のように仲良くしたいです。
4) 子供のように喜んでいます。

< 2 >
1) 夢のような1日でした。
2) 絵のような景色ですね。
3) 映画のような人生ですね。
4) 嘘のような話ですね。

< 3 >
1) おかしいと思います。
2) 難しいと思います。
3) 可愛いと思います。

< 4 >
1) 歌手みたい
2) 芸能人みたい
3) バカみたい
4) 俳優みたい

< 5 >
1) 彼女らしい決断ですね。
2) さすが専門家らしいですね。
3) すぐ着くらしいです。
4) 明日来るらしいです。

< 5 >
1) どこか行きたいです。
2) 誰かいないですか？

< 6 >
1) この道しかないです。
2) 外で待つしかないです。

67과

< 1 >
1) 雨のせいで遅れました。
2) あの人のせいで疲れます。
3) 旦那のせいで悲しいです。

< 2 >
1) 先生のおかげで勇気が出ました。
2) 彼女のおかげで幸せです。

< 3 >
1) あなたのために来ました。
2) アメリカに行くために英語を勉強します。
3) 本を借りるために図書館へ行きます。

< 4 >
1) あなただけです。
2) 本だけで勉強しました。
3) これだけで十分です。

시험

1.	D	36.	A	71.	B
2.	D, B	37.	C	72.	B
3.	A, D	38.	A	73.	C
4.	B	39.	C	74.	A
5.	A	40.	D	75.	B
6.	A	41.	B	76.	D
7.	C	42.	A	77.	D
8.	D	43.	B	78.	C
9.	C	44.	D	79.	B
10.	A	45.	A	80.	A
11.	B	46.	C	81.	B
12.	C	47.	B	82.	A
13.	D	48.	C	83.	C
14.	A	49.	A	84.	D
15.	B	50.	A	85.	A
16.	D	51.	D	86.	C
17.	B	52.	A	87.	B
18.	A	53.	A	88.	B
19.	A	54.	B	89.	A
20.	C	55.	C	90.	C
21.	B	56.	C	91.	B
22.	A	57.	B	92.	B
23.	D	58.	B	93.	A
24.	A	59.	D	94.	D
25.	C	60.	B	95.	C
26.	B	61.	D	96.	D
27.	C	62.	A	97.	B
28.	A	63.	C	98.	C
29.	D	64.	A	99.	B
30.	C	65.	C	100.	A
31.	A	66.	D		
32.	A	67.	C		
33.	D	68.	B		
34.	A	69.	C		
35.	C	70.	A		

실전 일본어 문법 1

초판 2쇄	2020. 05. 22
발 행 인	송 원 (Song Won)
발 행 처	송 원 (Song Won)
주 소	경기도 수원시 영통구 망포동 691
출판등록	제2016-000003호
이 메 일	rokmcsw@gmail.com
온라인강의	www.airklass.com/k/B5NWR95
Blog	blog.naver.com/decodelanguage
ISBN	979-11-957162-3-4

Copyright © 2020, Song Won

이 책은 저작권법에 따라 무단복제와 무단전재를 금합니다.

이 책의 내용을 이용하려면 반드시 저작권자의 서면동의를 받아야 합니다.

*잘못된 책은 교환하여 드립니다.

Second Published	22th, May, 2020
Written by	Song Won
Publisher	Song Won
Address	Mangpo-dong 691, Yeongtong-gu, Suwon City, Gyunggi, South Korea
Publication License	제2016-000003호
Email	rokmcsw@gmail.com
Website	www.airklass.com/k/B5NWR95
ISBN	979-11-957162-3-4

Copyright © 2020, Song Won all right reserved